16歳からのライフシフト
LIFE SHIFT

The 100-Year Life
Living and Working in an Age of Longevity

リンダ・グラットン / アンドリュー・スコット 著
Lynda Gratton　Andrew Scott
宮田純也・未来の先生フォーラム 監修

東洋経済新報社

はじめに

「人生１００年時代」と言われるようになりました。

「１００歳まで生きるのが当たり前になるから、それに備えよう」というメッセージと一緒によく使われる言葉です。いまの高校生のみなさんの２人に１人は１００歳まで生きるというデータもあります。

それを聞いて、「長生きできてうれしい！」と喜ぶ人もいるでしょう。

反面、以下のような感想を持つ人もいるかもしれません。

「老後の資金は大丈夫？」

「90歳まで働かなくちゃいけないの？」

「高齢者になっても同じように働ける？」

なんだか不安でいっぱいになります。

でも、大丈夫。

いまの80代とこれからの80代は違います。想像するよりずっと若々しい高齢者になれると予想されていますし、これまでより健康的に長い時間多く働くことができ、準備する時間もたくさんあります。

また、「人生１００年時代」には変化が大きくなる分、自分らしい生き方ができるチャンスも広がり、働き方も変わります。選択肢が増え、失敗したとしてもいくらでもやり直せるようになります。

これまでのように、20代で学校を卒業後、60歳前後まで働いてから引退するという「教育→仕事→引退」という3ステージ型の人生ではなく、それぞれに合った人生を設計することができるのです。

ＡＩなどが台頭し、変わり続ける世界で人生１００年時代となると、働く期間が長くなり、もっているスキルがずっと通用するとは限りません。30代以降も自分に合った新しいスキルを学び続け、新たな仕事に就いたりするなど、年齢とステージが関係なくなり、キャリアも多様化します。

本書は、そうした「人生１００年時代の人生戦略」としてベストセラーとなった『ＬＩＦＥ ＳＨＩＦＴ（ライフ・シフト）』という本をもとに、高校生のみなさんが自分の進路や将来の人生を考えていく上で役立つ部分を、わかりやすくまとめ直したものです。


「人生１００年時代に何が変わるの？」

「ＡＩとどのように共存していけばいい？」

「人生を豊かにするものって？」

「どのような働き方の選択肢がある？」

「自分の時間はどう使う？」

「進路、働き方、生活はどう考える？」


以上のような疑問を解決できる構成となっています。

本書では、高校生のみなさんより少し年上の翔太と葵（１９９８年生まれ）、親世代の浩子（１９７１年生まれ）、祖父母世代の武夫（１９４５年生まれ）が登場し、彼らの人生の違いを知ることができます。

また、日本の最新のデータも入っており、みなさんを取り巻く環境も理解できるようになっています。

各章の最後には、高校生のみなさんがこれまでの人生を振り返りながら、これからのキャリアや人生を設計するための手助けとなる「問い」も掲載しました。

「問い」の答えは、一人ひとり違うものになるはずです。実際に書き込みながら読み進めることで、長い人生を自分らしく生きるための思考を深め、「あなただけの物語」を紡いでいきましょう！

16歳からのライフ・シフト――目次

第3章 学校・仕事・退職後引退生活という人生モデルはこれからどうなるの？

第4章 機械化・AI後の働き方とは？

第6章 自分の可能性を広げる

第7章　人生の選択肢の多様化

第8章 これからの自分の時間の使い方

第9章　未来の人間関係

第10章　未来へ向けて前進する

第1章

人生100年時代で何が変わるのか

現在の高校生は１００歳まで生きる

日本は、平均寿命で見る限り、世界で最も幸せな国だ。国連の推計によれば、２０５０年までに、日本の１００歳以上人口は１００万人を突破する見込みである（ちなみに現在の１００歳以上は9万人弱、そのうち88%を女性が占める）。日本の寿命は過去２００年の間に10年に2年以上のペースで延びてきた。いま20歳の半数以上が１００歳以上、40歳の人は95歳以上、60歳の人は90歳以上まで生きる可能性がある。２００７年に日本で生まれた人々、つまりこれから高校生になる10代半ばの若者の半数は、なんと１０７歳以上まで長生きする。21世紀はおろか22世紀の世界まで体験することができるのだ。

人生１００年時代で何よりすばらしいのは、**学歴や性別、親の社会的地位に縛られず、より自分らしく充実した人生を生きられるようになる**ことだ。**一度、学業、受験、就職に失敗したとしても、後でやり直すことがいくらでも可能になる。**

両親や祖父母の世代には当たり前だった「人生はこうあるべきだ」という社会からのプ

これからの高齢者はもっと健康に長生きできる

レッシャー（押し付け）は、長寿社会では次第に弱まっていく。**より自分らしく、より自由に生きるための選択肢がこれからますます増えてくる。**

そう考えると、ちょっとワクワクしてくるのではないか。

自分の人生のシナリオを考えるとき、誰でも頭に真っ先に浮かぶのがお金の問題だ。

そこで質問！「これから100歳まで私たちが生きるとしよう。あなたは何歳まで働いてお金を稼ぎ続けなければならないのか？前提条件は二つ。一つ目は若く健康で働ける現役時代には、退職後にそなえて毎年の給料から10％を貯蓄すること、もう一つは老後の生活費を引退直前の半分程度に抑えること」。

詳しい計算は省略するが、答えは「80代まで働かなければならない」だ。長寿化の時代に金銭的に困らない生活をしたければ、これから社会に出る私たちは、70代、ことによると80代まで働き続けなくてはならないのだ。それが厳しい事実だ。

新しい職種とスキルが続々登場

現在の高校生のみなさんが高校や大学を卒業して会社に就職し、課長や部長といった幹部になるまでの数十年で、私たちの仕事の内容や働き方は大きく変化している。古い職種が消え、新しい職種が出現しているはずだ。

今日の世界では、１００年前に雇用の大半を占めていた農業と家事サービスの職業の割合が大きく減り、オフィス労働者が大幅に増加した。こうした変化は、これからも続くだろう。

みなさんが社会人として働く頃になると、ほぼすべての仕事がロボットと人工知能の助

図1-1　産業（3部門）別就業割合の推移

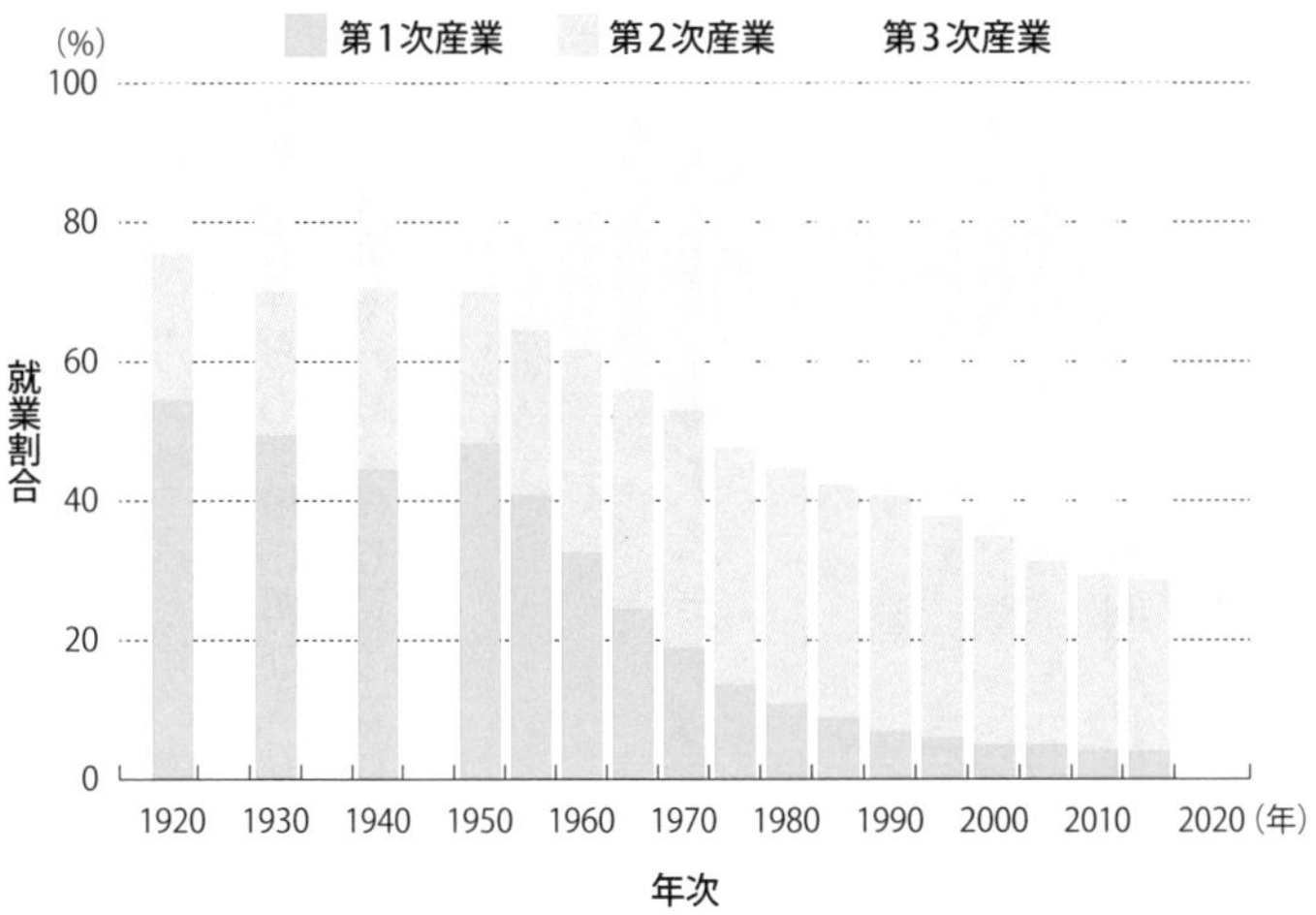

（注）総務省統計局『国勢調査報告』による。
（出典）国立社会保障・人口問題研究所『人口統計資料集（2022）』。

けなしに行うことが困難になっていることだろう。事務・管理業務、セールスとマーケティング、マネジメントなどあらゆる仕事がそうなっているはずだ。

人々の寿命が比較的短く、技術の進歩も緩やかだった時代は、仕事や職種の変化など気にする必要がなかった。**両親や祖父母の時代には、10代後半～20代前半に学んだ知識とスキルで一生働き続けることができた。**技術革新が緩やかであれば、知識やスキルが陳腐化するスピードも緩やかだったからだ。

しかし、コンピュータ技術の発達によって仕事の内容が急速に変化するとなれば、そうはいかなくなる。しかも70代、80代といった高齢まで長期間働くとなれば、20代前後で得た知識やスキルはまったく役に立たなくなるかもしれない。

長く働き続けるには、みなさんが現在高校に毎日通って一日中勉強しているように、**社会人になってからも学校に再び入り直したり、オンライン講座を視聴したりして、最新の知識やスキルを一から学び直さなければならない。**

人生はマルチステージ化する

現在の大人たちの議論は、お金の問題に偏りすぎている。１００年人生時代への備えは、いかにお金を稼ぐかということだけで足りるものではない。**苦しい時に支えになってくれる家族や友人、試練に立ち向かう強い心と体、周囲からの信頼や尊敬といったお金以外の要素が欠けてしまえば、長い人生で金銭面の成功を得ることさえ難しくなる。**

反対に貧乏な生活を送っていれば、幸せな家庭や健康な心を維持することさえむずかしくなってしまう。両者は二人三脚であるべきものだ。

短い人生では、こうしたお金とお金以外のバランスを適切に取ることが難しい。人生が100歳まで延びれば、バランスを取るための選択肢が広がる。これは人生で幸せを実現するうえで大きなプラスだ。

人生が相対的に短かった時代は、「教育↓仕事↓引退」という3ステージ（段階）の生き方でよかった。しかし、この生き方を人生100年時代に適用しようとすれば、二番目の**「仕事」のステージを長くする以外に方法はない**。

しかしそれで金銭問題はある程度解決するかもしれないが、一方で家族や友達との付き合い、健康の維持管理などといった非金銭面の蓄えはおろそかになってしまう。それに足腰が立たなくなる老人になるまで長い間働き続けるのは、あまりに過酷だ。心身も消耗する。正直に言って、仕事ばかりの人生は味気なく退屈だ。

そこで若い世代には、3ステージの人生の代わりにマルチ（複数の）ステージ人生をお薦めしたい。

たとえば、一人の人間が生涯に四つ、もしくは五つのステージをもつようにするのだ。まず、**金銭面を重視して脇目も振らずに働くステージ、仕事と家庭生活とのバランスを取るステージ、仕事をしながらも社会貢献や趣味人生に軸足を置いたステージ**……などが

これからの人生は3ステージからマルチステージに

あっていい。

３ステージの人生の真ん中の「仕事」でも、「仕事→再教育→仕事」、「仕事→家事や子育て→仕事」などのバリエーションが考えられる。仕事の間に何度も学び直しやお金を稼ぐこと以外の活動（家族や友人との大切な時間、育児や介護、地域ボランティア活動、スポーツや趣味）に費やす時間を挟まなければ、心身ともに健康で長く働き続けることが困難になるからだ。

まとめ

- 人生100年時代に「教育↓仕事↓引退」の3ステージ的な生き方は無理がある。
- 心身とも健康で長く働き続ける秘訣は、それぞれの状況に応じて仕事、社会貢献、子育て、介護、学び直し、趣味人生などを繰り返す生き方だ。

変化はチャンスととらえよう

マルチステージの人生が普通になれば、私たちはステージ間の移行（仕事や生活の環境変化）を数多く経験しなければならない。両親や祖父母の世代では、3ステージ人生が一般的だった。大きな移行は2回ですんだ。「教育」から「仕事」、そして「仕事」から「引退」の二つだ。しかし、先に述べたように**長寿化で人生のステージが増えれば、当然、移行の機会が増えてくる。**

ただ問題は、私たちの多くが生涯で何度も移行を成功させるためのノウハウやスキルをもっていないことだ。学校の転校と同じで「変化なんて嫌だ」と思う人がいるかもしれないが、これは危機ではなくチャンスととらえよう。移行を嫌っていては、幸せな人生は遠のくばかりだ。

上手にステージ間の移行を重ねることができれば、発想が柔軟になり、知らない知識が増え、新しい視点で世界を見ることができるようになる。気心の知れた古い友人とばかり付き合っていないで、**時には新しい仲間や友達とのネットワークを広げることも大切だ。**

こうした**「変身」のためのスキル**をもつには、従来の考え方を大きく転換し、発想を豊かにし、未来にどのような生活が待ち構えているのかを的確に描けるようになる必要がある。

私たちの人生において新しいステージが現れたことは、過去にもあった。20世紀には「ティーンエージャー」と「引退者」という新たなステージが出現した。それ以前は「子ども」と「大人」という区分けしかなかった。今後は、さらに多くのステージが生まれ、素敵な名前がつけられることだろう。

実際にいま18~30歳の人たちの間では、新しいステージが形成されつつある。20世紀の初めに寿命の延長と学校教育の長期化により「ティーンエージャー」という概念が誕生したように、10代後半の思春期の後に、新しい〝世代（まだ名前がない）〟が生まれようとしている。この新しい世代の誕生はすでに長寿化時代への適応と見ていいだろう。

いままさに高校生の私たちがその〝世代〟に差し掛かろうとしている。**人生１００年時代に合わせて将来の選択肢を広げ、新しい選択肢を模索する時間が社会的に認められようとしている。**

レクリエーションから、リ・クリエーションへ

人生で多くの移行期間を経験し、各ステージを悔いなく生きるために、高校生の段階から長い時間をかけてじっくり準備するに越したことはない。新しい仕事や役割に合わせて、新しいライフスタイル（人生観、価値観、習慣など）を築き、**新しいスキルを身につけるための勉強、自分のアイデンティティ（自分らしさ）を新しい環境に適応させるための準備だ。**

これから社会人になる私たちは、寿命が延びて増えた時間は、余暇だけでなく、将来へ

社会人になっても自分への投資を続ける時代

の勉強や啓発にも使うべきだ。人生が短かった頃は、若い頃に学んだ知識やスキルが中年や老年になっても通用した。しかし人生が長くなれば、余暇は新しいステージに向けて**自分を再創造するための準備に投じた方が、長い目で見て自分のためになる。**

人生100年時代の恩恵の一つは、**余暇の時間をあまり減らさずに、増えた時間の一部を将来の自分への投資（準備）に振り向けることができること**だ。みなさんも社会人になったら、長寿化で増えた余暇の時間をすべてレクリエーション（娯楽）に費やしてしまうのではなく、その一部をリ・クリエーション（将来のための勉強や準備）に振り向けることをお勧めしたい。

マルチステージの人生では、人生の節目や

転機が繰り返し出現する。どのステージをいつの時点で、どの順番で経験するかという選択肢が大きく広がる。「教育→仕事→育児→ボランティア→教育→仕事→引退」といった多彩な選択肢があっていい。**一人ひとりの人生の目標や金銭的状況、家庭環境、育児や介護の計画などによって、自分なりの組み合わせを決めていけばいい。他人任せでない、自前の人生。**私たちの自己責任が強く問われるが、その分、生き方に真剣みが増してくる。

特に見落としてはならないのは、同世代の人たちが隊列を乱さずに「教育→仕事→引退」の一斉行進をすることが終わりになることだ。

まとめ

- マルチステージの人生では、人生の節目や転機が繰り返し訪れるので、失敗しても何度もやり直しがきく。
- 私たち一人ひとりには自分にしかない才能が備わっている。人生100年時代に幸福に生きるには、その才能を大きく伸ばすことが大事。

選択肢をたくさんもって独自の人生を設計しよう

科学技術の進歩によって人生がゴム紐のように伸縮自在になると、人々は人生で多くの変化を経験し、多くの選択を行わなければならなくなる。そうした人生では、**選択肢をできるだけ多くもっておくことが有利**だ。100年人生を生きる人々が、多くの可能性（＝選択肢）を見いだし、それを将来にできるだけ多く残そうとするのは当然だ。そのためには、学校だけでなく、社会においても勉強を続ける必要がある。前述の18～30歳の年齢で新しいステージが生まれようとしている一因は、ここにある。

両親や祖父母の世代の多くは、20代前後で人生の道筋を固めた。それで良かった。しかし、これからの世代は、進学や就職、転職、キャリア形成、結婚、子育て、住宅や自動車の購入……などを決め急ぐ必要はない。**これから世の中がどのように変わるのか、自分はこの人生で何をしたいのか、自分の模範となる憧れの人は誰か、自分の持ち味は何なのか……を、時間をかけてじっくり考えることを勧めたい**。これからの世の中は、テクノロジーの進歩や長寿化によって、どのような変化が待ち構えているかわからない。古い世代の常識が通じないのだ。早い段階で性急に重大な決定を下してしまえば、その後の人生が取り返しのつかないことになるかもしれない。

人生の最終的な目的は、幸福を最大化することだ。環境の変化に応じてさまざまな選択肢を組み合わせていくことができれば、生涯を通じて幸せな人生を送り続けることができる。

まとめ

- 長寿化時代は人生の選択肢をできるだけ多く増やして、長くキープしておくことが成功のカギを握る。
- こうした選択肢を最適に組み合わせることができれば、生涯を通じて幸せな人生を送ることができる。

問い

- あなたはさまざまな生き方や選択肢が大きく広がる世界を生きていきます。これからの10年間であなたが実現したいことをできる限り挙げ、それを実現するために何をする必要があるかを考えてみよう。

◎これからの自分が歩む人生において、高校生活で価値があると思えることは何ですか。逆に価値がないと思えることは何ですか。それぞれの理由は何ですか。

答え

第2章

長寿という贈り物

現在の高校生（2007年生まれ）の寿命

まず図2-1を見てほしい。これは、人口学者たちがいまの子どもたちの平均寿命を推計した結果だ。図にあるように、2007年にアメリカやカナダ、イタリア、フランスで生まれた子ども（現在の高校生）の50％は、少なくとも104歳まで生きる見通しだ。日本の子どもにいたっては、なんと2人に1人が107歳まで生きる可能性がある。

図2-1の未来予測と過去のデータを比べると、いま8歳の子どもと、100年前の子ども（いま100歳以上の人）の違いがよくわかる。

約100年前に生まれた人が100歳まで生きている確率は1％にすぎなかった。いま私たちのまわりに100歳以上の人がほとんどいないのはそのためだ。昔は100年生きることはきわめて難しかった。それに対し、図2-1によれば、**2107年になると半数以上の人が100年生きることが当たり前になっている**。いま8歳の子どもの半分がまだ生きているのだ。嘘のようなホントの話だ。

平均寿命が大幅に上昇した理由は、いくつかある。それは短い期間で生じた変化ではな

図2-1　2007年生まれの子どもの半数が到達する年齢

（出典）Human Mortality Database, University of California, Berkeley（USA）and Max Planck Institute for Demographic Research（Germany）. Available at www.mortality.org

い。過去200年のほとんどの期間、平均寿命は右肩上がりで延びてきた。1840年以降、最も長寿の国の平均寿命は1年に平均3ヵ月のペースで上昇している。10年ごとに2〜3年ずつ寿命が延びている計算だ。

図2-2は、19世紀半ば以降の平均寿命の推移をまとめたものだ。これだけ長い期間、平均寿命が一貫して延び続けてきたことは注目すべきことだ。世界1位の国の平均寿命（「ベストプラクティス平均寿命」と呼ばれる）を年ごとに並べてグラフ化したところ、ほぼ一直線に上昇していることがわかる。しかも、このペースが減速する気配は見られない。

これまでの平均寿命の上昇は、子ども、

図2-2　ベストプラクティス平均寿命

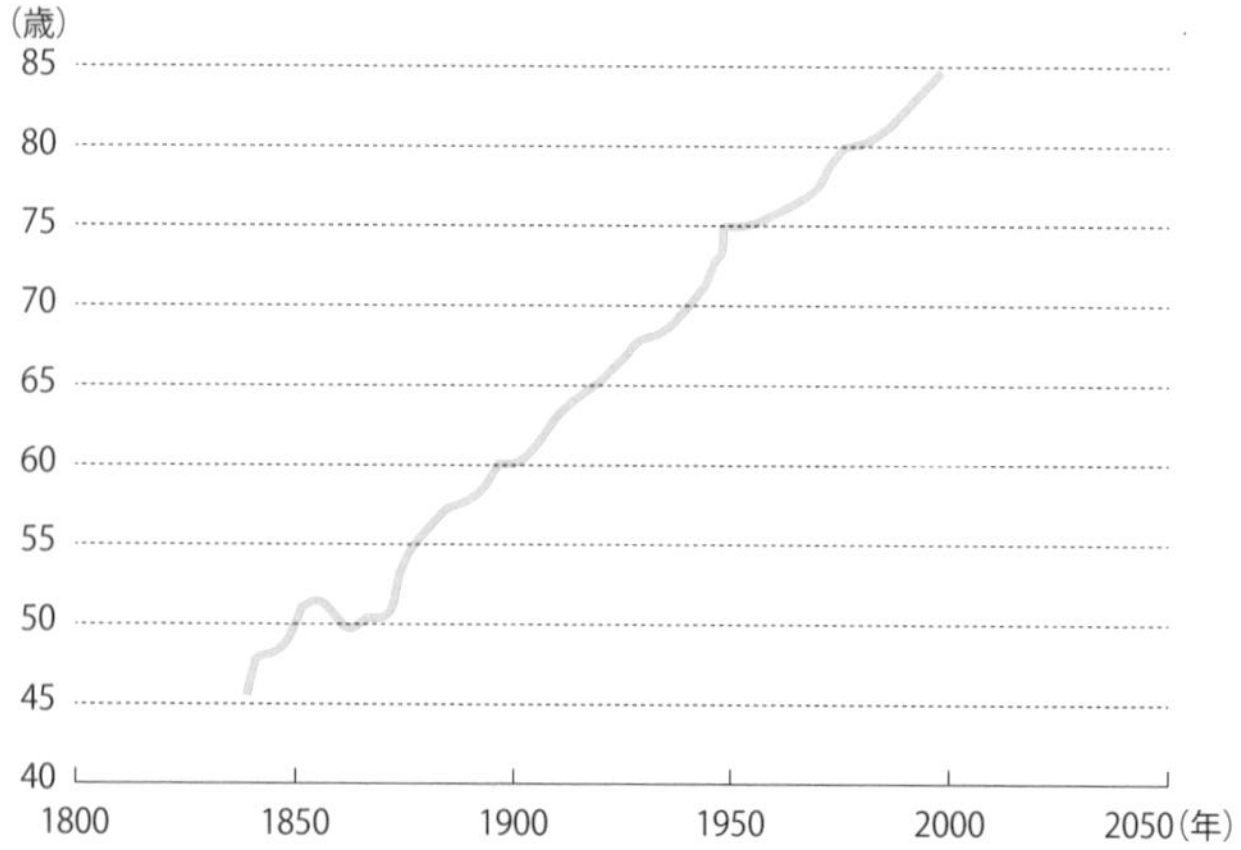

（出典）以下のデータをもとに算出。Human Mortality Database, University of California, Berkeley（USA）and Max Planck Institute for Demographic Research（Germany). Available at www.mortality.org. 詳しくは以下を参照。Oeppen, J. and Vaupel, J., 'Broken Limits to Life Expectancy', *Science* 296 (May 2002).

中高年、高齢者それぞれの段階で死亡率が改善したおかげである。最初は、乳幼児の段階での死亡率の改善が平均寿命を大幅に押し上げた。

１９２０年代以降、平均寿命が長くなった理由の第一は、子どもの死亡率が低下したことだ。結核、天然痘、ジフテリア、チフスなど子どもたちの命を奪った感染症の多くが抑え込まれた。

次に、中高年の慢性疾患、特に心臓血管系の病気と癌の対策が進んだことだ。病気の早期発見、治療と処置の改善、禁煙などの啓蒙活動の強化により健康水準が向上した。

その次は、高齢者にまつわる病気

の克服だ。高齢者の平均余命はすでに大きく改善しはじめている。イギリスの80歳の男性が死亡する確率は、1950年には14%だったが、いまは8%だ。90歳の男性の場合、その確率は30%から20%に下がっている。

まとめ
● 平均寿命の上昇は、乳幼児や子どもの死亡率の改善、中高年の慢性疾患、特に心臓血管系の病気と癌の対策の強化、高齢にまつわる病気の克服などによってもたらされた。

人生100年時代は世界的な現象に

図2-1と図2-2のデータはすべて、豊かな先進国のものだ。いま途上国で生まれる子

どもが１００歳まで生きる確率は、先進国の子どもより低い。しかし、先進国で平均寿命を引き上げた要因が途上国でも平均寿命を押し上げはじめている。先進国では、所得の上昇、栄養状況の改善、医療の向上が子どもの死亡率を低下させた。それと同じことが世界中で起きている。貧しい国は、平均寿命の出発点こそ豊かな国より下だが、おおむね豊かな国と同様の変化を経験しはじめている。

１９００年、インドの平均寿命は24歳、アメリカは49歳だった。１９６０年、アメリカの平均寿命は70歳まで延びたが、インドは41歳にしか達していなかった。この60年間で両国の差は広がったのだ。

しかしインドの経済成長が加速すると、この差は縮まりはじめた。２０１４年、インドの平均寿命は67歳に達した。国連の予測によれば、今後も10年ごとに約2年のペースで平均寿命が延びていく。インドはアメリカより低い場所から出発したが、アメリカと同じような形で平均寿命を延ばしている。いま、多くの国で同様のことが起きている。**人生１００年時代は世界的な現象だ**。豊かな国がその時代を一足先に迎えるだけにすぎない。

科学論争の大半がそうであるように、平均寿命がこれからさらに延びるのか、さまざまな対立する主張が唱えられている。

悲観論者によれば、栄養状況の改善と乳幼児死亡率対策の大きな前進はこれ以上見込め

平均寿命については悲観論者と楽観論者がいる

ない。むしろ、自動車ばかり乗って自分の足で歩くことが少なくなった生活様式や肥満といった「豊かさの病」により、平均寿命の上昇は足を引っ張られるという。

一方、楽観論者によれば、啓蒙キャンペーンの効果は今後も大きく、それがテクノロジーとイノベーションと組み合わさることにより、平均寿命はまだ上昇し続けるという。

著者たちの個人的な考えは、穏健な楽観主義者に近い。**平均寿命は110～120歳くらいまで上昇し続け、その後は延びが次第に減速すると予想している。**さまざまなデータから、**いま生まれてくる子どもの多くが100歳**

を超えて生きるという予測には、十分な説得力がある。

健康な期間が延びる

平均寿命が延びても、人生が健康で幸福に満ちたものでなければ意味がない。平均寿命が延びるだけで、健康に生きられる年数が延びなかったらどうなるか。その場合に待っているのは「〝虚弱〟という病」の悪夢だ。確かに、高齢化による医療コストの増大を不安視する識者は多い。認知症など高齢にまつわる病気を抱えながら長生きする人生は、明らかに誰も歓迎しない。

しかし、こうした暗い見方は重要な点を見落としている。人々が単に長生きするだけでなく、**健康に長生きできるようになると予測する研究者が増えている**。「不健康期間の短縮」が起こりつつあるというのだ。この考え方は、ある人が何歳まで生きて、いつ死ぬかではなく、人生の最終盤の生活の質の改善に光を当てる点で注目される。

寝たきりでなく健康で長生きできる人が増える

おそらく、人生が長くなることを考えたとき、あなたがいちばん恐れるのは、人生の最後の日々を認知症とともに生きなければならないことかもしれない。不安をいだくのは無理もない。１００歳以上の人を知っている人は少なくても、認知症の親戚や知り合いがいる人は多いからだ。

それでも、忘れてはならないことがある。人類の問題解決のために科学や技術に大規模な投資が行われたときは、一大革新が成し遂げられる可能性が高くなることだ。

寿命に関しては、健康な１００年人生を想定するだけでなく、それ以上に長生きできる可能性が高いと思っておいたほうが良い。

まとめ

- 平均寿命の上昇は、先進国だけでなく、発展途上国でも起きている。
- インドの平均寿命は１９００年に24歳だったが、２０１４年に67歳に達した。国連の予測によれば今後も10年ごとに約2年のペースで延びていく。

問い

- １００歳まで生きることは、あなたにとって嬉しいことですか、それとも嬉しくないことですか。その理由は何ですか。
- 多くの人が１００歳まで生きるとして、社会にとってどんな良い影響と悪い影響があると思いますか。

答え

第3章

学校・仕事・退職後引退生活という人生モデルはこれからどうなるの？

教育・仕事・引退モデルの崩壊

長寿化で考えなければならないことはたくさんある。多くの人はまずお金の問題が気になる。老後資金をまかなうためにどのくらい貯蓄をする必要があるのか。

本章で取り上げるのは、老後の生活資金だけだ。しかし、いくつものステージからなる長い人生を生きるためには、老後の資金だけでなく、現役でバリバリ仕事をする期間（＝勤労ステージ）の生活資金や、目まぐるしく変化する技術革新についていくための個人的な技能やスキルを磨く再教育訓練の資金も必要になる。勤労時代の所得から老後の蓄えに回す割合を増やすか、現役で働く年数を増やさなければならない。長寿は目出度いことだと喜んでばかりいられなくなる。

ただ長生きは悪いことばかりではない。ケチケチ生活や長時間労働に対処する方法を私たちは知っている。古い常識から脱却し、３ステージの人生という固定観念を捨てることだ。発想の転換ができれば、長寿化を災いから恩恵へ変えることができる。

まとめ

- 人間は長生きするほど多くのお金が必要になる。勤労時代の貯蓄率を高めるか、高年齢になるまで働くか。その一方もしくはその両方が必要になる。

三世代の人生、三つのシナリオ

老後の生活資金を増やすためには、勤労時代に稼いだ所得から老後に回す割合をもっと増やしたり、引退年齢を遅らせたりする（引き上げる）必要がある。しかしどのくらい貯蓄を増やし、何年引退の時期を後ろ倒ししなければならないかを計算するのは難しい。現役時代にいくら稼げるか。所得は毎年どの程度のペースで伸びていくか。貯蓄や投資の利回りはどのくらいか。子どもを何人つくるか。どのくらいお金があれば幸せを感じられるか。子孫にどのくらい財産を残したいか。これらによって、必要な貯蓄率と勤労年数

本書の登場人物

が大きく変わってくる。
　そのため本章では、三世代の架空の４人の人物に登場してもらって、彼らの資金事情を見ていきたい。
　４人の名前は、武夫、浩子、それに翔太と葵（二人は同じ年）だ。生まれたのは、それぞれ１９４５年、１９７１年、１９９８年。異なる三つの世代に属しているので、長寿化が各世代に与える影響を比較できる。高校生のみなさんはいちばん若い翔太と葵の世代に近い。そこに自分を重ね合わせれば、これから訪れる長寿社会の影響を想像することができる。
　最年長の武夫の世代は、平均寿命が70歳前後だ。「教育」と「仕事」と「引退」という3ステージの人生が最もうまく機

四つの前提事項

1　老後の生活資金をどのくらい確保したいか？
→引退前の最終所得の50％

2　貯蓄や投資の利回りはどのくらいか？
→長期で見て、年平均3％

3　所得がどのくらいのペースで伸びるか？
→年平均の上昇率は4％

4　何歳で引退したいか？
→65歳

能した世代だ。武夫の人生は、そうした3ステージの生き方が、その後の若い世代には賞味期限切れになっていることを知るうえで、参考になる。

現在50代に達した浩子は、これまで3ステージの人生をお手本に生きてきた。しかしこの世代の平均寿命は85歳。彼女は3ステージの人生が長寿化でうまくいかなくなっていることに気づき始めている。人生の折り返し点に差しかかった現在、どうすれば人生の後半を幸せに過ごせるかを考えるようになっている。

20代前半の翔太と葵は、100歳以上まで生きる可能性が高い。この世代は、3ステージの生き方が通用しないことは明らかだ。新しい人生の道筋を独自に切り開いていかなければならない。みなさんの人生の道筋は、翔太と葵のケースよりもさらに複雑だ。家庭事情や社会環境が大きく異なるからだ。資金計画を考えるときは、みなさんの家庭環境など実情に合わせて考える必要がある。

さて、これから4人3世代の人生シナリオを具体的に見ていくことにしよう。

まず、世代ごとに何歳まで働く必要があるのか。所得の何%を老後資金の貯蓄に回す必要があるのか。ここでは各世代の人生を比較しやすくするために、次の四つの要素を共通の前提事項として計算している。

武夫――3ステージの人生がうまく機能

1945年生まれの武夫は、20歳で大手自動車メーカーに就職した。当時の日本は高度成長が始まったばかりで、日本経済はその後の10年間で所得が倍増した（以下の登場人物の卒業年や平均寿命、それに関する数値は、原書『LIFE SHIFT』の数値をそのまま用いている。日本の現状と多少そぐわないところもあるが、議論の大要は変わらない）。

彼の家庭は日本の伝統的な家族形態そのものだった。もっぱら妻の芳子が子どもの世話

3ステージ型の武夫（1945年生まれ）の人生

武夫の老後の資金想定
・公的年金：○
・企業年金：○
・個人の蓄え：容易
必要な貯蓄：毎年所得の4.3％

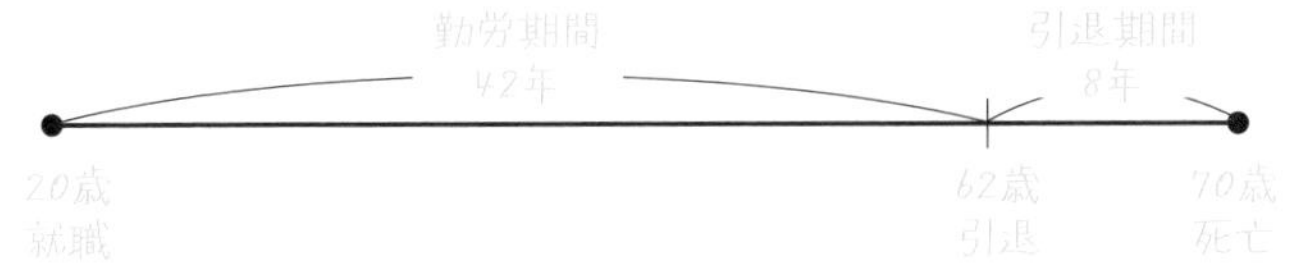

をし、一家の稼ぎ手はつねに武夫だった。彼は62歳で引退、２０１５年に70歳で残念ながら他界した。

　お金の面で、武夫は順調な人生を送ることができた。

　武夫の世代には、老後の資金源が三種類あった。政府の公的年金、勤務先の企業年金、そして個人の貯蓄だ。

　まず引退前の最終所得の最大10％を公的年金から受給できた。また多くの大企業が企業年金制度（企業が退職者に対して一定の金額を毎年支給する制度）を設けていた。長年にわたり会社勤めを続けた武夫は、最終所得の20％を企業年金として受け取ることができた。後は残りの20％（50％－10％－20％＝20％）を自分の所得から貯蓄すればよかった。

武夫にとってもう一つ好材料だったのは、42年の勤労生活に対し引退（してから亡くなるまでの）期間が8年と短かったことだ。勤労期間の約5年で引退期間の1年分の資金を蓄えれば良かった。割合で言えば、毎年の所得から約4％（（50－10－20）％÷約5年）を貯蓄するだけで、老後の資金が確保できた。

もちろん、武夫は老後資金のほかに住宅ローンの返済資金や子どもの教育資金も貯めなくてはならない。平均寿命以上に長生きした場合の予備の資金も欲しい。実際には4％強の貯蓄では足りない。ただ老後の資金に限って言えば、武夫にとって毎年の所得の4％強を蓄えるのは難しいことではなかった。

つまり武夫は平均寿命が70歳前後にとどまり、政府と企業の支援が手厚かったために、3ステージの生き方で老後資金をうまく工面することができた。

しかし、浩子の場合は、そうはいかない。こうした国や企業の支援が次第に縮小していく。

消えゆく日本の年金

日本の少子高齢化についてよく論じられるのは、公的年金が持続困難になりつつある点だ。日本の公的年金は、高齢者に対する毎年の年金給付をその年の国の税金や保険加入者の保険料収入でまかなう方式だ。出生率が下がり、平均寿命が延びれば、引退（高齢者）人口の伸びが勤労人口の伸びを上回る。税収や保険料収入が減り、その一方で年金給付が膨らむ。そうした傾向が続けば、年金財政は確実に赤字になる。

１９６０年、日本の勤労人口に対する引退人口の割合（＝老年従属人口指数）は10％だった。勤労世代10人で年金受給者１人を支えていた。１人の年金受給者の給付金を勤労世代10人でまかなっていた。

しかし２０５０年になると、老年従属人口指数は70％に上昇すると予想されている。引退世代７人を勤労世代10人で支えなくてはならなくなる。１人の年金受給者の給付金を勤労世代１・４人で負担しなければならない。働く世代にとってこれは大変な事態だ。

働き手の数が減り、公的年金の財源（収入）を支える人の数が減ってくれば、公的年金

図3-1　老年従属人口指数

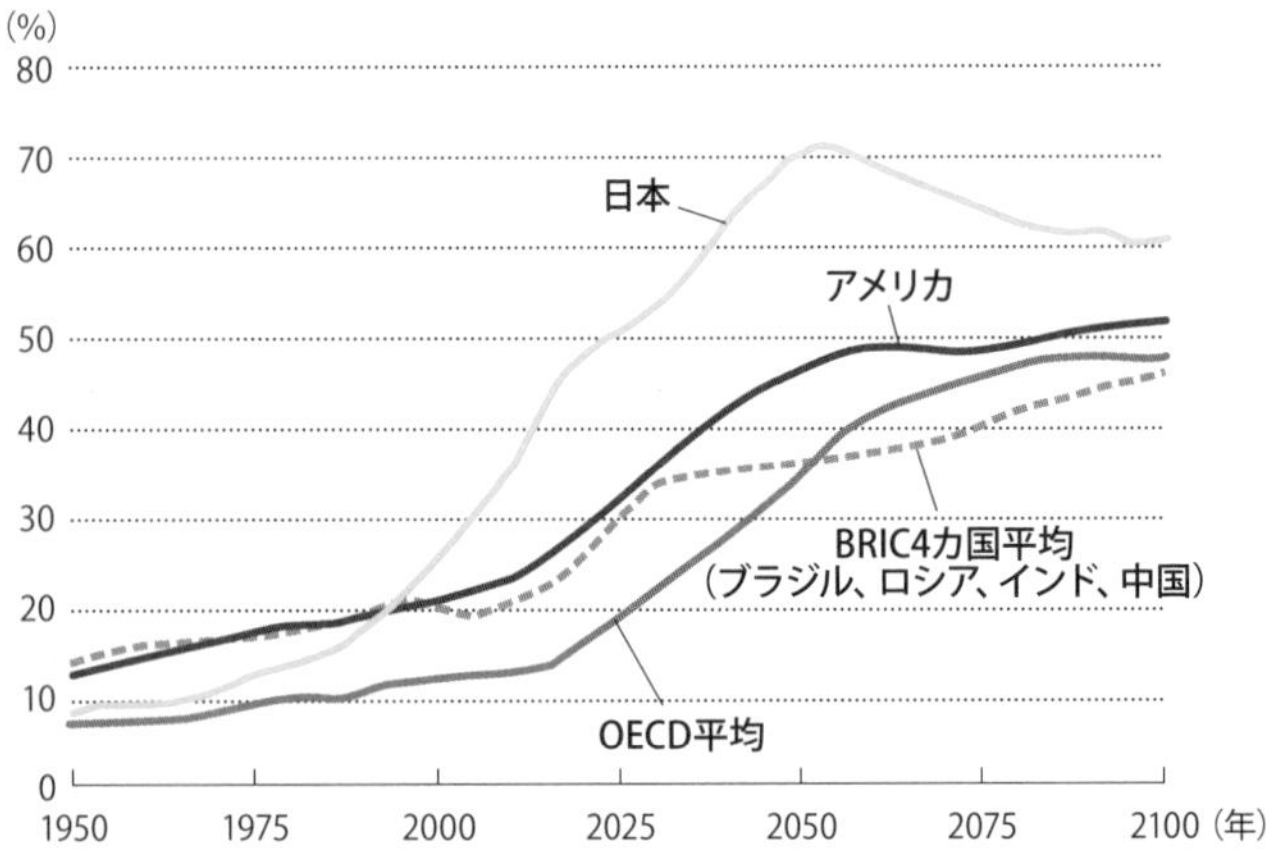

（出典）http://www.oecd.org/edu/ceri/SpotlightAging.pdf

制度は当然、維持できなくなる。日本では現在、公的年金の受給開始年齢を引き上げたり、勤労期間を延長したりしているが、大きな効果は期待できそうにない。

企業年金も同様だ。平均寿命が延びれば、現役の社員が支払う年金の保険料収入よりも退職者への給付のほうが増えて、制度を維持できなくなる。その結果、企業年金制度自体を廃止する企業が増えている。

公的年金の存続が危ぶまれ、企業年金制度を設ける企業が減れば、老後の生活資金を蓄える責任がますます私たち個人の肩に重くのしかかってくる。武夫の世代は、老後資金として最終所得の2割分の資金を自分で貯めればよかった。しかし浩子や、翔太と葵の世代はそうはいかない。個人で用意しなくてはならない割合がもっと大きくなる。

まとめ

- 日本の公的年金は、毎年の高齢者への年金給付を働く現役世代が納める税金や保険料収入でまかなう賦課方式だ。働き手の数が減り、年金財源を支える人の数が減ってくれば制度を維持できなくなる。
- 平均寿命の延びで企業年金制度を廃止する企業が増えている。

浩子——3ステージの人生はほぼ困難

浩子は1971年生まれで、平均寿命は85歳。1992年に大学を卒業し、65歳（2036年）まで働いた後で引退するつもりでいる。

武夫と同様に、老後の生活資金として最終所得の50％を毎年確保したいと思っている。武夫との大きな違いは、もはや企業年金を当てにできないことだ。公的年金に関しては、現在、年金改革が進められているが、最終所得の10％相当の年金が支給されるかどうか怪しくなっている。ここでは仮に最終所得の10％相当の年金が支給されるものと想定しておく。

浩子が65歳で引退するなら、42年の勤労生活に対し引退期間が20年と長くなり、勤労期間の約2年で引退期間の1年分の資金を蓄えなければならない。彼女は毎年の勤労所得の約20％（（50－10）％÷約2年）も老後に備えて貯蓄しなければならない。武夫は65歳で引退するために約4％の貯蓄で済んだが、浩子は武夫よりも長生きするために約20％も貯蓄しなくてはならない。それは、企業年金がなくなったからだ。

年間所得の20％を貯蓄するのは簡単でない。それを働いている間の毎年継続することはおろか、1年だけでも達成できる人はほとんどいないだろう。

しかも、ここでは老後資金しか考慮していない。実際は、住宅ローンの返済など他の出費にも備える必要がある。そのうえ引退直前の最終所得の50％という老後資金の目標自体がずいぶん控えめだ。かなり慎ましい生活を覚悟しなければならない。浩子の資金計画はどう考えても非現実的だ。

図3-2　引退年齢と貯蓄率の関係（寿命85歳の場合）

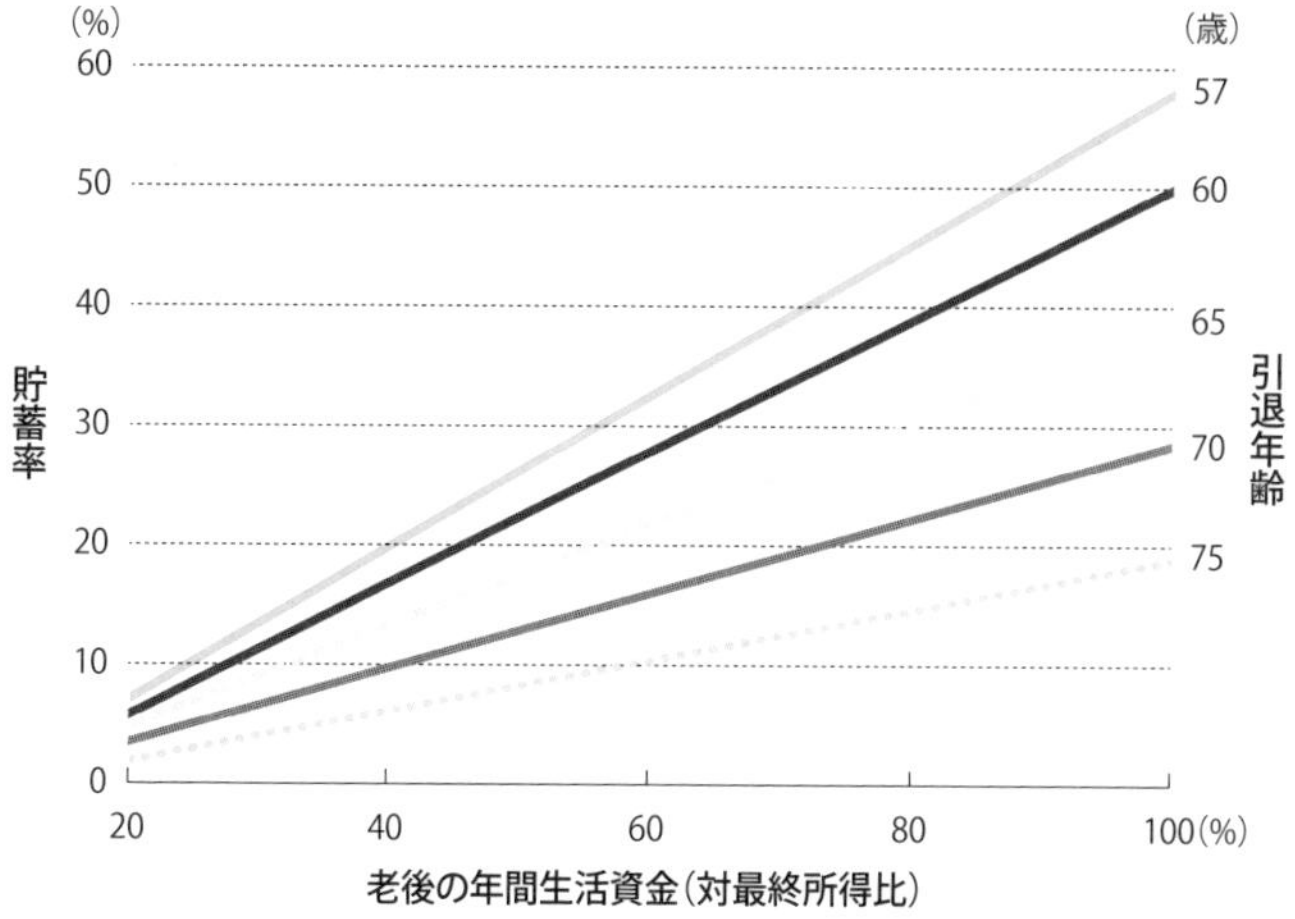

　しかし、65歳で引退せずにその後も働き続け、金銭面での負担を軽減する選択肢もありうる。あるいは老後の生活資金がもっと少なくても構わないと思えば、65歳で（あるいはもっと早く）引退することも可能だ。

　浩子が選べる選択肢を図3-2にまとめた。計算上85歳まで生きることを前提に、引退年齢（57歳、60歳、65歳、70歳、75歳）と、確保したい老後資金の水準（引退直前の最終所得の20%、40%、60%、80%、100%）ごとに、勤労期間に要求される貯蓄率を示してある。

　たとえば、最終所得の50%の老後資金を確保したいと考え、引退年齢を65歳でなく70歳にしたらどうなるか。この場合は、引

3ステージ型の浩子（1971年生まれ）の人生

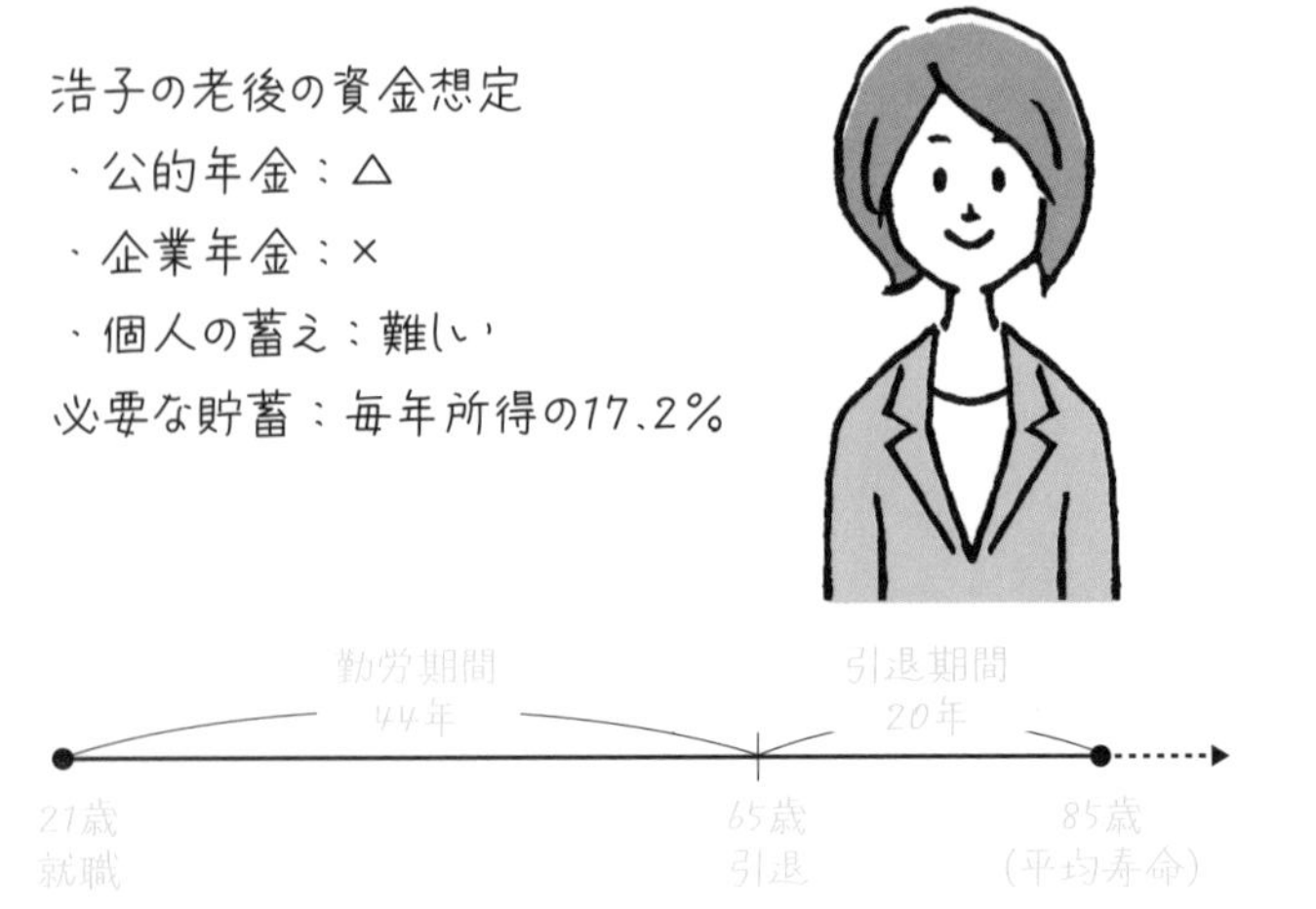

退生活を送る年数は20年ではなく15年に減る。そうすると勤労期間に行うべき貯蓄は年間所得の13%くらいで済む（これでも非常に厳しい数字だが）。

あるいは65歳で引退するにしても、老後資金を最終所得の30%に抑えるなら、貯蓄率は8%まで引き下げられる。しかし50%自体がすでに控えめな数字なので、現実には老後の資金をさらに減らすのは難しい。そう考えると、選択肢は勤労期間を長くするしかない。

老後資金を最終所得の50%、達成可能な貯蓄率を10%（年間所得の10%を貯蓄するのでも簡単ではないが）と仮定すると、浩子は70代前半まで働かなくてはならない。

浩子の世代は、武夫のように65歳で定年退職、その後は悠々自適の引退生活を送るという人生のシナリオはほぼ困難になっている。

翔太と葵——３ステージの人生が壊れる

翔太と葵のケースはどうか。彼らは１９９８年生まれで、２０１８年に成人式を迎えた。１００年以上生きる可能性が高い。浩子の世代より平均寿命がさらに15年長いのだ。65歳での引退を前提に３ステージの人生を送るのは資金の面でまったく成り立たない。65歳で引退した後に最終所得の50％の生活資金を確保するには、勤労期間に毎年所得の30％強（(50－10)％÷約１・25年）を貯蓄しなくてはならない。44年の勤労期間に対し引退期間が平均35年以上と長いため、勤労期間の約１・25年で引退期間の１年分の資金をまかなわなければならないからだ。勤労期間を通してこの貯蓄率を維持するのは不可能だ。実際、今日の多くの人々の貯蓄率を大幅に上回っている。

3ステージ型の翔太・葵（1998年生まれ）の人生

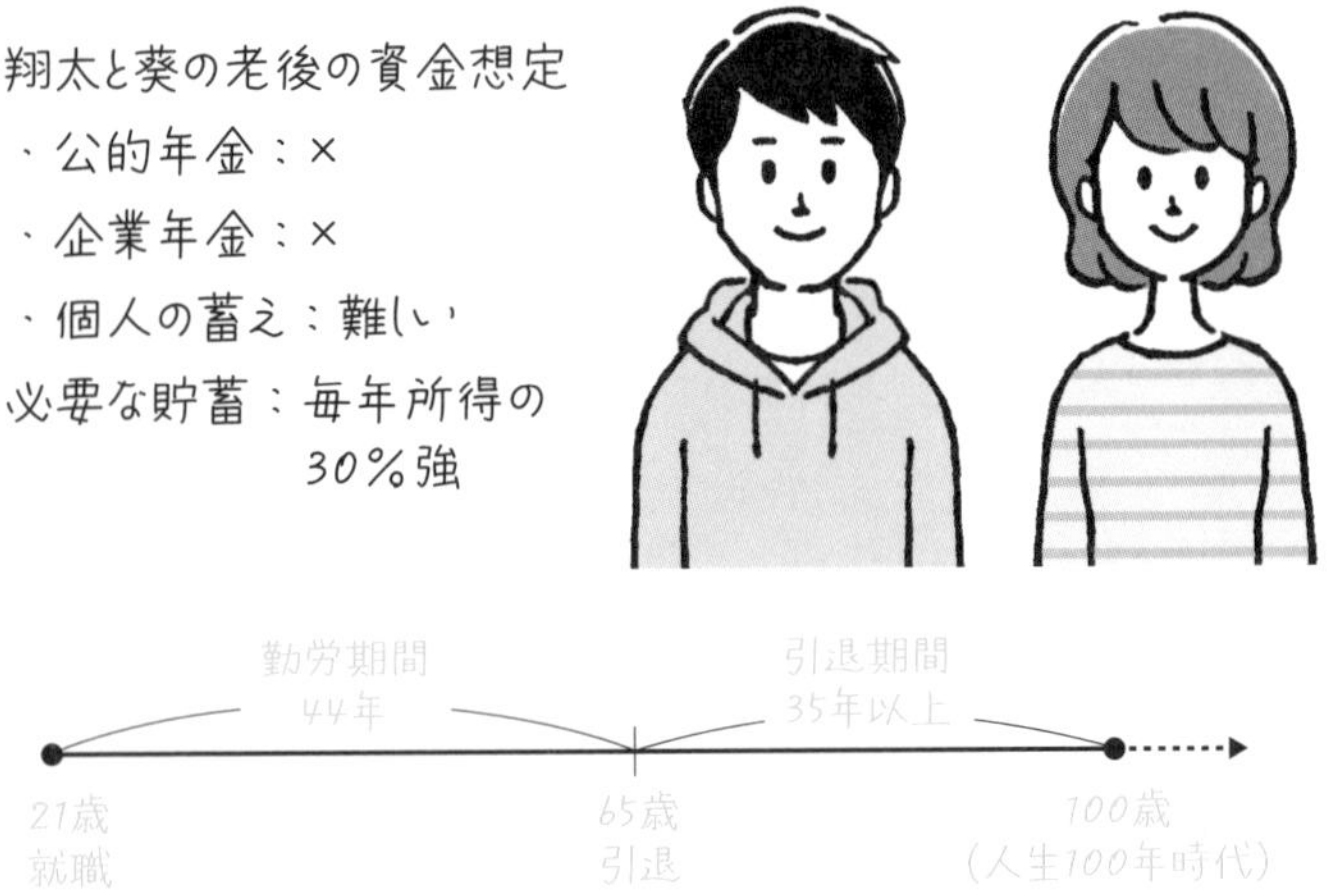

問題はほかにもある。

この計算では、翔太と葵が浩子と同水準の公的年金を受給できるものと仮定しているが、少子高齢化の進展で現実はそう甘くないかもしれない。もし公的年金をまったく受け取れないとすれば、勤労期間に必要な貯蓄率は40％台に跳ね上がる。

3ステージの人生が経済的に機能していた武夫の世代は、子どもである浩子の世代にある程度の財産を残すことができた。しかし浩子の世代は、3ステージの人生が経済的に機能しなくなっていることから、子どもである翔太と葵の世代にほとんど財産を残せない可能性が高い。

翔太と葵の世代は、65歳で引退すれば、

１００歳を超す人生を金銭面で支えることができない。

一方、彼らは親の世代の浩子のように、もっと長い年数働いて、じっくり老後の生活資金を蓄えることは可能だ。たとえば、老後資金を最終所得の30%でよしとすれば70歳で引退しても、勤労期間を通して毎年所得の10%を貯蓄するだけで足りる。しかし、浩子の場合と同様に、最終所得の30%で老後を暮らすのはかなりしんどい。

しかも翔太と葵は、この同じ金額のまま１００歳まで30年間生活しなければならない。しかし彼らより若い勤労世代の所得は、経済の成長や役職のアップ（課長や部長になること）によって次第に増えていく。翔太と葵の世代と若い世代の所得格差は開く一方だ。

そう考えると、少なくとも最終所得の50%は老後資金として確保しておきたい。勤労期間中の貯蓄も、所得の10%前後が現実的だろう。そうなると、80代まで働き続けなければならない。翔太と葵は、武夫より30年長く生きられるが、そのうちで20年も現役の勤労世代として長く働き続けなければならない。

3ステージ型の仕事人生からの脱却

人生１００年時代には、多くの人がこれまでよりも長く働き続けなくてはならない。数年単位の話ではない。浩子は、武夫より20年も長く働かなければならない。人生が長くなれば、働く年数を増やさない限り、十分な老後資金を確保することが難しい。

現在の公的年金は当てにならない。ほとんどの人は、所得から多くの割合を貯蓄に回し、かつ長い間働かなければならなくなる。

こう考えると、気が滅入ってくる。

そう感じるのは、**未来を過去の延長で考えるから**だ。

発想を転換して、3ステージの人生から脱却すれば、長く働くことが次第に魅力的に見えてくる。

そこで問題になるのが、**あまりに長く働きすぎると、生産性や活力など、金銭以外の「資産」に悪影響が及ぶ**ことだ。80歳まで片道1時間近く満員電車に揺られて通勤し、後輩の上司にあれこれ小言を言われ、週のうち何日間かは深夜まで残業させられる。加齢とともに体力は落ち、仕事の効率も悪くなる。せっかくの土日や祝日も疲れ切ってしまい、大好きなゴルフや旅行、ライブコンサートに出かける気力もなくなってしまう。夫婦の会話も減り、親しかった友人と会う機会もめっきり減ってしまう。

その一方で、70歳程度で仕事を辞め、長期の引退生活に入るのも魅力的だが、何の目的もなくダラダラと生活を送るのも、これはこれで問題だ。

引退した人を調べた研究によると、不活発な生活を長期間続けている人は、認知能力が減退し、人生に対する満足度が低下する。人間は何歳になっても適度な刺激が必要だ。80歳まで仕事を続けてヘトヘトになるのも問題だが、何の目的もたずダラダラと日々を過ごすのもまた問題だ。

今後の仕事や職場の変化も、3ステージの生き方を難しくする。これから数十年の間にＡＩ（人工知能）などの新しいテクノロジーが登場し、**成長する産業と衰退する産業の明暗がはっきり分かれてくる**。新しい職種が生まれ、既存の職種に取って代わる。

武夫は20代前半までに学んだ技術や知識をベースに40年あまりの勤労生活を送ることができた。もちろん折に触れて、既存の技術や知識を最新のもので〝上書き〟する必要はあったが、なんとか仕事を続けられた。

80代まで働かなければならない浩子にこの方法は通用しない。翔太と葵の世代は技術の進歩がさらに加速することから、大学や研究所に入り直して最新技術を一から学び直す必要がある。しかし、そうした**再教育や再訓練を実践しさえすれば、翔太と葵は3ステージではなくマルチステージの人生を快適に生きることができる**。

翔太と葵には、金銭以外の資産に関しても試練が待っている。

第2ステージで長期間働き続ける間、心や体の健康を保っていられるのか。パートナーや子どもなど家族や親戚との良好な関係を維持できるのか。**長期間の仕事によって劣化するのは、知識とスキルだけではない**。大切な人たちとの親密な絆や関係も途絶えてしまう恐れがある。

武夫にとってうまく機能していた生き方が、浩子には困難になり、翔太と葵にはまったく実践不可になる。

浩子や、翔太と葵の世代が武夫の世代より生産的、創造的に生きるためにどうすればいいかを、これから示していきたい。

まとめ

- 長寿化によって人生を3ステージに分ける生き方は耐用年数切れとなった。しかし発想を転換すれば長く働くことが苦痛でなく、魅力的に見えてくる。

● 80歳まで仕事を続けてヘトヘトになるのは問題だが、何の目的ももたずダラダラと引退生活を送るのも別の問題をはらんでいる。

問い

● 70歳、80歳になっても元気に働くためにどのような心や体、経験・スキルが必要か考えてみよう。

● 3ステージの人生を脱却してマルチステージの人生を創るためにいまからどのような行動やマインドセット（考え方）が必要か考えてみよう。

答え

第4章

機械化・AI後の働き方とは?

産業の新陳代謝

多くの人が長生きするようになれば、老後の生活資金をまかなうために、長く働かなくてはならなくなる。働く期間が長くなれば、その間に日本経済や企業は大きく変化する。大不況に陥れば倒産する企業の数が増える。

そこで私たちはお金に困らないために職業や就職先を正しく選択しなければならない。将来どの仕事が大きく成長し、どの仕事が縮小していくのかを理解しなければならない。

だが、未来の予測は難しい。

しかし過去から学び、さらにいま起こりつつあることの延長線上に何があるかを考えれば、将来を展望することはできる。

まず、産業の勢力図がどのように変わるのだろうか。図４‐１は、過去１００年間にアメリカの雇用の種類がどのように変わったかを示したものだ。

１９１０年、アメリカの働き手の３人に１人は、農家もしくは農業労働者だった。今日、これらの職に就く人は全体の１％にすぎない。１９１０年当時は、これに肉体労働者と家

図4-1　雇用の内訳（1910-2000年）

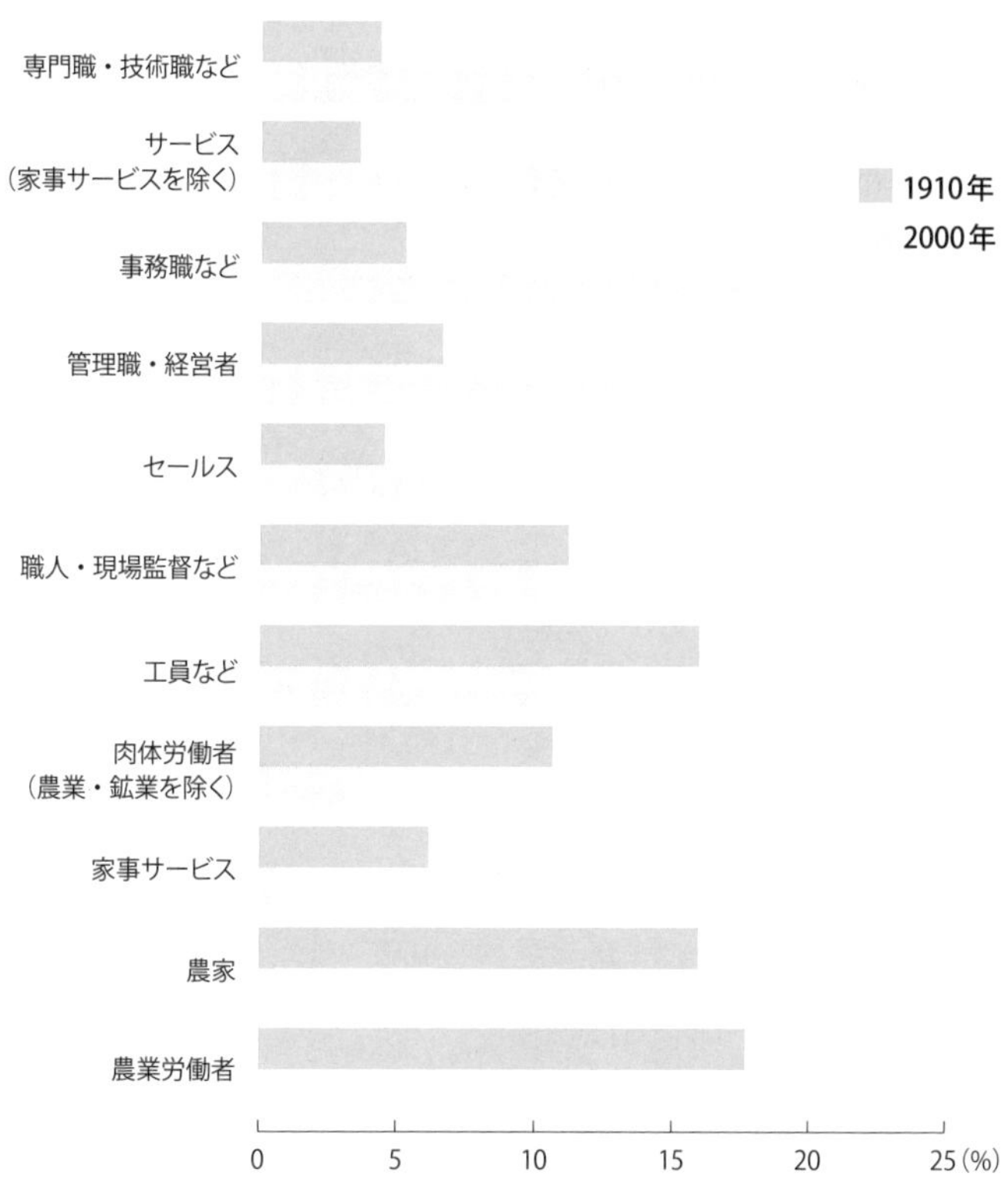

（出典）Wyatt, I. D. and Hecker, D. E., 'Occupational Changes during the 20th Century', *Bureau of Labor Statistics Monthly Labor Review* (March 2006).

事サービス労働者を合わせて、アメリカの働き手の半分を占めていた。

２０００年になると状況はまったく変わった。雇用の半分をオフィス労働者（専門職、事務職、管理職）が占めるようになった。将来は、情報技術の発展、ロボット工学と人工知能の急速な進歩、環境問題への懸念の高まり、社会の高齢化などの影響を受けて、雇用を取り巻く状況はさらに大きな変化を遂げるだろう。

時代が変われば、経済の構造も大きく変わる。一つの産業が無残に衰退することもある。農業は、１８６９年にはアメリカのＧＤＰの40％近くを占めていたが、この割合は２０１３年には１％まで落ち込んだ。

その一方で、目覚ましい成長を遂げた産業もある。農業とは対照的に、サービス産業が経済に占める割合は１９２９年の40％から、２０１３年には65％に上昇した。

このような産業の興亡が今後も繰り返されるとすれば、どのような変化が起こり、どのような産業で多くの雇用が生まれるのだろう。

それを考えるヒントの一つが、人口構成の変化だ。高齢者の増加によって、サービス産業では医療と高齢者向けサービスの比重が大きくなる。

環境問題も、さまざまな産業に大きな影響を及ぼす。

エネルギー不足によってエネルギー価格の上昇が続けば、エネルギー生産と資源保存の

この100年で変化したように、未来も変わり続ける

分野で目覚ましい技術革新が起きる。地球温暖化への懸念によって、温室効果ガスの排出削減、大気中の温室効果ガスの回収、代替テクノロジーの開発が何千億円規模の巨大ビジネスに成長する可能性がある。

　その結果、富の所在が大きく移動し、新しい産業、新しい企業、新しいテクノロジーが台頭する。

新しいエコシステムの登場

　産業の転換が大々的に進めば、私たちは積極的に新しいスキルを習得しなければな

らない。企業の顔ぶれも大きく入れ替わる。新しい企業が既存の大企業の座を奪うケースが増えていく。

１９４５年生まれの武夫の世代は幸運にも一つの企業に長く勤め続けることができた。１９９８年生まれの翔太と葵の世代は、何度も仕事や職場を変えなければならないだろう。

私たちが勤める企業のあり方も変わる。小回りの利く敏捷な小企業が登場し、図体の大きくて動きの鈍い大企業は滅んでいくかもしれない。その兆候もある。テクノロジーの進歩により、組織を介さなくても働き手たちが直接連携しやすくなった。**小規模な企業には、大企業が発揮しづらい柔軟性がある。**

大企業が消えてなくなることはないが、大企業の周囲に多くの中小企業や新興企業が集まる形態が増えるだろう。いわゆるビジネスのエコシステム（生態系、相互依存関係）が形成される。**成長はしばしば少数精鋭の人材を擁する小規模企業群から生まれる。こうしたエコシステムがますます花開き、多くの利益を生む。**

ビジネスのエコシステムの台頭は、雇用の機会を多様化させる。多数の雇用を創出するだけでなく、専門性の高い職や柔軟な働き方が生まれる。

１００年以上生きる翔太と葵の人生では、こうしたエコシステムの柔軟性を生かして、**組織に厳しく縛られることなく働くことができる。**

エコシステムは、働き手に収入源をもたらすだけでなく、仕事と私生活をブレンドした生き方を後押ししてくれる。個人的に大好きな仕事に就き、同じ趣味や志をもった小規模なチームで柔軟に働けるようになる。「ワーク（仕事）」と「ライフ（私生活）」が一体化する夢のような世界が実現するかもしれない。

柔軟性に富んだ「スマート・シティ」が台頭する

変わるのは、働く企業だけではない。働く場所も変わる。

いま私たちは、**人類史上最も特筆すべき大移住**を目撃している。それは、**農村から都市への人口移動**である。２０１０年、世界全体の都市生活者の数は36億人だった。２０５０年には、それが63億人になると見られている。毎週１３０万人が都市に移り住む計算だ。都市で暮らすこと、とりわけ「スマート・シティ（賢い都市）」に住むことを望む人が増えている。

高スキルの人材は大都市に向かう

なぜ、これほど多くの人が都市に住みたがるのか。**質の高いアイデアと高度なスキルの持ち主のそばに身を置くことが有利に働く**からだ。

実際、アメリカではデトロイトのような一部の工業都市が衰退する一方で、サンフランシスコやシアトル、ボストンなどのスマート・シティは経済的に繁栄し、人口も増えている。これらの都市には、**質の高いアイデアと高度なスキルをもち、自分と同様の高スキル層の多い街に住みたいと考える人たちが集まってくる**。他の聡明な人たちのそばで暮らし、互いに刺激し、支援し合いたいと考えるからだ。

スマート・シティの重要性は、社会的要因によっても増幅されている。**人々の間で自分**

と教育・所得レベルが近い人を結婚相手に選ぶ傾向が強まっている。夫が外で働き、妻が主婦として家庭にとどまる伝統的な家族では小さな町のほうが暮らしやすかった。しかし夫婦の両方が共働きで自分に最適な職を見つけるには大都市のほうが有利だ。

大都市は、まだ結婚していない人にとっても魅力が大きい。あなたが結婚相手を探しているとしよう。あなたは高いスキルの持ち主で、自分と同等の教育・所得レベルの相手と結婚することを望んでいる。そういう相手と小さな町で巡り会えるだろうか。可能性はなくはないが、おそらく難しい。同類婚を望む高スキルの人材は大都市に向かう。

スマート・シティは、柔軟な働き方が実践される最前線にもなるだろう。科学技術の発展のおかげで、在宅勤務やバーチャル勤務が増える。コミュニケーションもより手軽に、安価になる。多くの人が協力して問題を解決する余地も大きくなる。

雇用なき未来がやって来る？

人類の歴史は、科学技術の進歩の歴史だった。
人工知能やオートメーションの発達が、私たちに雇用なき未来をもたらすのではないか。そうした懸念が再三指摘されてきた。翔太と葵は将来、60年を超す勤労生活を通して、働き口を確保し続けることができるだろうか。

雇用の空洞化（＝縮小）を議論するときは、テクノロジーがすでに雇用に及ぼしている影響を見ることから出発すべきだ。なぜ多くの論者が雇用なき未来を予測するのかがよくわかる。

図4-2は、低スキル、中スキル、高スキルの職種ごとに雇用数の増減率の推移をまとめたものだ。これはアメリカのデータだが、日本のような他の先進国も基本的に変わらない。図を見れば明らかなように、１９７９年以降、低スキルの職と高スキルの職は増えているが、中スキルの職は減っている。中程度の雇用が空洞化しているのだ。

この理由を理解するには、さまざまな職を二種類の基準で分類するのが有益だ。アメリ

図4-2　雇用数の増減率

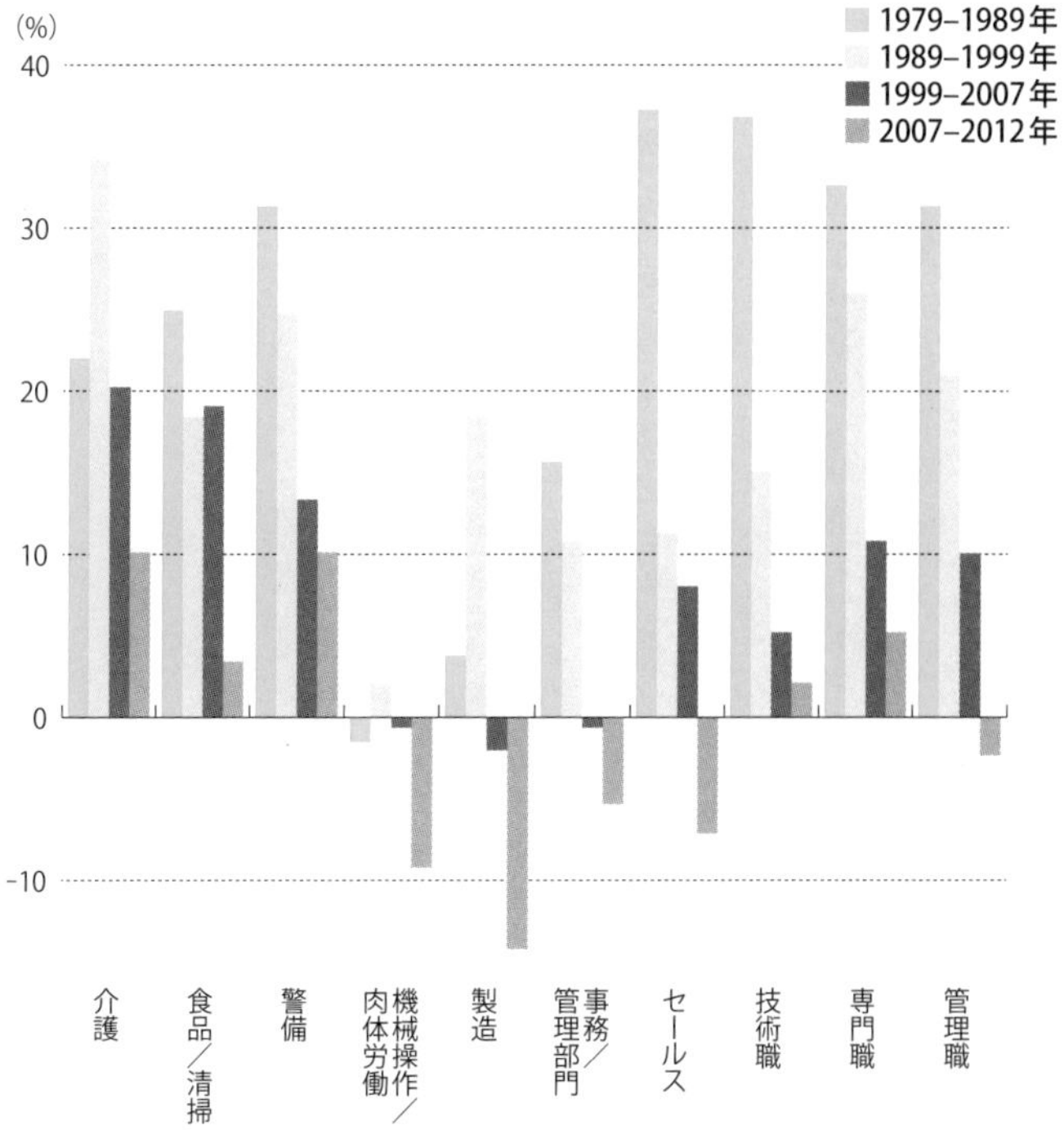

（出典）Autor D., 'Why Are There Still So Many Jobs? The History and Future of Workplace Automation', *Journal of Economic Perspectives* 29(3)（Summer 2015）: 3-30.

カの経済学者は、主として頭を使う仕事か体を使う仕事か、そして、定型的（＝ルーチン）な仕事か非定型的な仕事かを基準に、さまざまな職種を分類した。定型的とは、簡単とか退屈という意味ではなく、仕事のやり方を緻密にマニュアル化できる（業務に必要な作業や知識、手順、品質などをわかりやすく文章化できる）という意味だ。頭を使う定型的な職には銀行の窓口係、体を使う定型的な職には工場の組み立てラインの仕分け係がある。

テクノロジーによる代替が大きく進んでいるのは、この定型的な職だ。細かくマニュアル化できる業務は、仕事のやり方をプログラムに書いてコンピュータやロボットにやらせることができる。アマゾンの大半の倉庫では、ロボットがひっきりなしに商品を梱包担当者のもとに運び、同時に商品のデータを中央システムに送り続ける。そのプロセスは、人間が介入したり、意思決定したりしなくても機能する。

　コンピュータの処理能力が高まれば高まるほど、雇用の空洞化は加速する。高スキルの労働者も、テクノロジーに補完されるのではなく代替され始める。長期的に増加傾向にあった高スキル労働者への需要が２０００年を境に減少に転じている。向こう10～20年程度の間にアメリカの雇用の47％が消失する恐れがある。ざっと６０００万人が職を失う計算だ。これは日本の人口の約半分だ。

まとめ

- コンピュータの処理能力の劇的な向上によって、高スキルの労働者までもコンピュータやロボットで代替され始める。
- 向こう10～20年程度の間にアメリカの雇用の47％が消失する恐れがあるという研究の結果も発表されている。

未来の仕事はどう変わる？

仕事の未来に関して重要な問題は、ロボットと人工知能による代替がどこまで進むかだ。現時点では、**ある種のスキルと能力は人間固有のものであり、ロボットや人工知能による複製や置き換えがきかないという見方が一般的**だ。

専門家は、人間固有の能力を二種類挙げている。一つは、**複雑な問題解決に関わる能力**

だ。**専門知識、帰納的推論の能力、コミュニケーションスキル**が必要とされる。

もう一つの人間固有の能力は、対人関係と状況適応の能力だ。主に体を使う仕事で必要とされる場合が多い。

しかし、これらの分野でも人間の優位は長く続かないと主張する専門家がいる。

確かに、クラウド・ロボティクスやディープラーニングが急速に進歩すれば、人間が機械に対してもっている優位は失われかねない。

クラウド・ロボティクスは、ロボットがクラウドネットワークを通じてほかのロボットの学習成果にアクセスできるようにするテクノロジーだ。この技術が発展すれば、学習能力が飛躍的に向上する。その速度は人間の学習速度をはるかに上回るだろう。

一方、ディープラーニングは、人間が経験からの連想を通じて推論を行うプロセスを模倣しようというものだ。ここでも、クラウドを通じてほかのロボットの学習成果を利用できるようになる可能性がある。

ロボットが人手不足を補う

科学技術が人間の雇用を奪うかという後ろ向きの議論ばかりでなく、逆に科学技術がどのような労働サービスを私たちに供給できるかという前向きの議論も必要だ。

多くの先進国では、高齢化と出生率の低下により人口が減り、働き手世代の人口が縮小している。それがどこの国よりも顕著なのが日本だ。最大約1億３０００万人に達していた日本の人口は、２０６０年には８７００万人まで減る。しかも、このうち高齢者（65歳以上）の人口が40%を占めるという。

人口減少と並行して進行しているのが、人口の多い世代（日本で言えば団塊《だんかい》ジュニア世代）の引退だ。大規模な人手不足になることは避けられない。

人口の多い世代が引退すれば、低スキルの職を中心に何百万人もの人手不足が生じる。高スキルの職でも、向こう10年にわたり、雇用増加による労働力需要の増大よりも、減少する労働力を補充するための需要が大きくなると見られている。この傾向は、高度のスキルが要求される新しいテクノロジーの分野で特に際立っている。

ロボットは人類の敵ではなく共に支え合う存在

ロボットに雇用が奪われることを心配するより、ロボットが労働力人口の縮小を補い、**経済の生産性を引き上げ、私たちの生活水準を維持してくれることを歓迎すべき**だろう。

最先端のテクノロジーは急速に進歩するが、その成果が実際に世の中に普及するまでには多くの時間を要する。自動運転車が日常生活の一部になるまでには、数々の法規制を乗り越えなくてはならない。いずれは自動運転車が当たり前になる日がくるだろうが、それには長い時間がかかるはずだ。

科学技術が新しい雇用を生む

科学技術の進歩によって雇用が減少し、大量の失業が発生すると、そのマイナス面ばかりが声高に叫ばれる。歴史を振り返ると、話はそう単純ではない。歴史的に見て、科学技術は生活水準を引き上げ、人々の消費活動を後押ししてきた。機械は工場労働者の職を奪ったが、数々の新しい職もたくさん生み出した。機械を導入すれば、それを製造し、操作し、整備する人間が必要になる。こうした補完的業務が新たな雇用を創出する。その結果、経済全体の雇用は増えてきた。

ほかにも科学技術の進歩が雇用の創出を後押しする面がある。

ロボットや人工知能を導入する工場やオフィスでは一般に生産性が高まる。コストが下がる。コストが下がれば、市場で競争力を高めたい企業は値下げを行う。製品やサービスの価格が安くなると、需要が高まる。その需要の増加に応えるために従業員の数を増やさなければならない。機械の導入で同量の製品やサービスを生み出すのに必要な働き手の数は減るが、生産量自体が増えれば、全体の雇用は減らずに済む。それに加えて、職に就いている人たちは生産性の向上により所得が増える。そのお金を他の産業の製品やサービスの購入に回すだろう。他産業でも雇用が増える。

科学の技術革新が新しい製品やサービスの開発に繋がれば、それが新しい雇用を生む。今後数十年の間に、人々の暮らしに不可欠な新製品が続々と生まれるに違いない。

まとめ

- 歴史的に見ると、科学技術の進歩によって経済全体の雇用が減ったことはなく、むしろ雇用の創出を後押ししてきた。
- 科学技術の進歩は工場やオフィスの生産性を高め、他の産業の製品やサービスの需要を拡大し、新しい製品やサービスの開発を促進することで、雇用創造に貢献してきた。

翔太と葵への助言

技術が進歩しても消滅しない職に就きたいなら、次の二つの中から職を探すべきだ。一つは人間が「絶対優位」をもっている仕事、もう一つは人間が「比較優位」をもっている仕事だ。

要は、人間がロボットや人工知能よりも優れた能力を発揮できる職業を選ぶことだ。創造性、共感、問題解決など多くの身体的作業に関しては、いまのところ人間が明らかに絶対優位をもっている。向こう数十年、雇用の空洞化が進むなかでも、これらの職は必ず残る。

ただし、その優位がいつまで続くかは、はっきりしない。技術の専門家のなかには、いずれロボットと人工知能がこれらの分野でも人間を凌駕する日が来ると予測する人たちがいる。しかし、それでも人間が比較優位をもつ分野は残る。機械が苦手とする対人関係や状況適応の能力を活かす職業だ。

技術が人間のスキルを補完する分野もある。人間と機械が協働することで生産性が高まる活動は、今後増えていくだろう。そうした補完メリットを活かせる仕事に就くのも良い。チェスの世界では、それがすでに現実になっている。アマチュアのプレーヤーが中程度の機械を利用してプレーすると、人間のグランドマスターにも勝てるし、スーパーコンピュータにも勝てる。このような協働関係は、急速に拡大していく。

問題は、何が起きるかわからなければ、未来に備えることが難しいことだ。祖父母の世代の武夫と異なり、長い期間働かなくてはならない翔太と葵は、生涯を通じて多くの変化を経験する。多くの不確実性に直面する。そこで必要なのは、柔軟性をもって方向転換と再投資を行う覚悟だ。

まとめ

- 技術の進歩によって消滅しない職に就きたいなら、人間がロボットや人工知能より優れた課題処理能力をもっている仕事を選ぶこと。
- 翔太と葵は生涯を通じて多くの変化や不確実性に直面する。そこで必要なのは柔軟性をもって方向転換と再投資を行う覚悟だ。

問い

ロボットやコンピュータに代替されない能力は、学校生活でどのように身につけられるか考えてみよう。

あなたがもつロボットやコンピュータに代替されないスキルや能力はどのようなものか考えてみよう。

答え

第5章

お金で買えない物って？

お金に換算できないもの

寿命が延びれば、長い期間働かなくてはならないし、貯蓄もたくさんしなければならない。働き方もいまとは大きく変わる。

ひとことで言えば、人生100年時代がもたらす未来とはこういうものだ。しかしお金と仕事だけを見ていては、人生を見誤ってしまう。

長寿がもたらす恩恵は、もっと目に見えないものだ。具体的なお金に換算できない要素、つまり手でふれることのできない資産**（無形の資産）**こそが大事なのだ。

無形の資産は、私たちの人生できわめて大きな役割を果たしている。私たちが考える「よき人生」とは、**やさしい家族やすばらしい友人、高度なスキルと知識、肉体的・精神的な健康などに恵まれた人生**のことだ。これらはすべて無形の財産（＝資産）だ。

もっとも、無形の資産と有形の資産を完全に切り離せるわけではない。むしろ、有形の資産と無形の資産は密接に絡み合っている。**強力なスキルや知識という無形の資産がなければ、仕事で成功し、たくさんのお金（有形の資産）を稼ぐことができない。**親切で物知

幸せな人生を送るのに欠かせない無形資産

りな友だちのネットワーク（無形の資産）をもっていることが、人生の途中で生き方や働き方を変えたり、仕事の選択肢を広げたりするうえでとても重要だ。自分自身が健康をこわしたり、家庭生活が不幸せだったりすれば、そのストレスにより、仕事の場での生産性、共感能力、創造性が大きく損なわれる。

よい人生を送りたければ、有形と無形の両方の資産を充実させ、相乗効果を生み出す必要がある。

あなたはおそらく、友人関係や知識や健康を「資産」と考えたことはないだろう。これらの要素を資産と位置づける発想は、人生１００年時代を生きるうえで欠かせない。資産とは、ある程度の期間にわたり恩恵を私たちに与えてくれるものだ。資産は使用したり、放置したりすれば価値が減少する。資産はメンテナンスや補充をする必要がある。友情や知識は一夜で消えてしまうことはないが、友だちと長く連絡を取らず、知識をリフレッシュしなければ、いずれは価値が下がり、ついには消えてなくなってしまう。

有形資産と無形資産

無形の資産は、マイホームや現金や銀行預金のような有形の資産とは大きく異なる点がある。有形の資産は、目に見えるため、定義したり測定したりするのが簡単だ。それに対し、無形の資産は目に見えない。価値を測定したり、売買したりすることが難しい。

無形の資産のなかには、価値の測定が比較的簡単なものがある。健康や活力のレベルは、ある程度測定できる。スキルと知識も、比較的測定しやすい。学力テストや資格試験は、知識や技能を測り、そのレベルを証明するためにある。

人間関係の悪化や改善を数字で表現するのは難しい。それでも、人付き合いの規模、多様性、絆の強さなどを明らかにし、それが向上しているか悪化しているかを把握する試みがなされている。友人と歩いた距離や会話時間など、日々のさまざまな行動を計測する技術の進歩によって、無形の資産をもっと正確に計測することが可能になっている。

無形の資産には、もっと重い価値があり、値段をつけて売買できないものがある。たとえば、友情は何歳になってもお金で買うことができない。

市場で売買できない無形の資産は、勝手に増やしたり減らしたりできない。この点は、有形の資産とは対照的だ。購入した家は売却できるし、働き世代の株式投資は引退後に市場で売却すれば生活資金に変えられる。

しかし無形の資産ではそんなことはできない。外国に移り住むとき、それまでの友だちを売って、移住先で新しい友だちを買うことは不可能だ。自分のスキルの価値が落ちてきたとしても、そのスキルを売り、別のスキルを買うわけにいかない。そのため、**無形資産への投資は慎重に行う必要がある**。あるとき突然、無形資産が価値を失うことも警戒しなくてはならない。自然災害でマイホームの価値がゼロになるように、なんらかの事情で無形の資産の価値がなくなる場合もある。

有形資産と無形資産

三つの無形資産とその価値

値段がつきにくく、売買するのが難しいからといって、無形資産に価値がないわけではない。

興味深いのは、１９３８～40年にアメリカのハーバード大学の学生だった２６８人の男性を75年間追跡した調査研究だ。これによれば、人生に満足している人に共通するのは、お金もさることながら、生涯を通して強い信頼で結ばれた人間関係を築いていたことだった。

幸福を支える柱は、愛情や友情、信頼ということだ。所得が増えれば、物質的な幸福の度合いは高まるが、愛情や友情、信頼がなければ幸福になれないということだ。

お金が重要でないと言っているわけではない。無形の資産をお金で直接買うことはできないが、無形の資産を増やすためには、お金がある程度必要だ。健康維持のためにスポーツジムに入会したり、家族で休暇を楽しんだり、愛する人たちと余暇を過ごすには、お金が必要だ。お金が無形の資産を増やすのに役立つし、無形の資産が金銭的な資産づくりを支える面もある。

一般知能、健康状態、家庭環境、前向きで社交的な性格などの個性も、無形の資産に分類できるだろう。

これらの無形資産を三つのカテゴリーに分類してみた。

それぞれの資産を説明しよう。

三つの無形資産

1 生産性資産。人が仕事で生産性を高め、所得を増やすのに役立つ要素のこと。スキルと知識が主たる構成要素。

2 活力資産。肉体的・精神的な健康と幸福のこと。健康、友人関係、パートナーやその他の家族との良好な関係などが該当する。

3 変身資産。人生100年時代を生きる人たちは、大きな変化を経験し、多くの変身を遂げなければならない。そのために必要な資産が変身資産だ。自分についてよく知っていること、多様性に富んだ人的ネットワークをもっていること、新しい経験に対して開かれた心や姿勢をもっていることなどが含まれる。

❶ 生産性資産

生産性資産とは、仕事の生産性を高め、所得とキャリア（出世や昇進）を向上させるのに役立つ資産のことだ。もちろん無形の資産の多くは、仕事の能力に影響を及ぼす。病気だったり、人間関係で悩んでいたりすれば、仕事に身が入らず悪影響が生じる。ここで紹介する無形の資産は生産性だけでなく、幸福感全般を高めるうえでも重要だ。

スキルと知識

最もわかりやすい生産性資産は、長年かけて身につけたスキルと知識だ。知識を蓄えるには長い時間をつぎ込まなくてはならない。学校で勉強し、仕事を通じて学び、コーチや同僚の話を聞く必要がある。急速な技術進歩でますます新しいスキルを習得しなければならないことを考えると、この種の資産の価値は大きい。

そこで重要になるのが、どのスキルと知識をどのようにして身につけるかだ。

学習と教育の投資効果

長く生産的な人生を送るためには、スキルと知識に投資する（増やす）ことが不可欠だ。学習と教育は本人に大きな金銭的恩恵をもたらす。アメリカの22歳の大卒者は平均で年に3万ドル（約450万円＝最新の為替レートで再計算、以下同じ）の所得を得ているが、非大卒者は平均１万８０００ドル（約２７０万円）にすぎない。所得の格差は、その後の人生でさらに広がる。格差が最も大きくなるのは、40代半ばだ。大卒者の年間所得が平均８万ドル（約１２００万円）に対し、高卒者は３万ドル（約４５０万円）程度にとどまる。

人生１００年時代が当たり前になれば、これまでのように人生の早い時期に一度にまとめて知識を身につける必要はないかもしれない。テクノロジーが急速な進歩を遂げるなかで、人生の早い段階で身につけた専門技能だけを頼りに長い人生を生き抜くことができるとは考えにくい。古いスキルを土台にした仕事に飽きたり、テクノロジーの進歩でスキルが時代遅れになったりすることは十分考えられる。

今後は生涯を通して新しいスキルと専門技能を獲得し続けることが一般的になる。

どのような知識が価値をもつのか？

学ぶことは人生の重要な一部だ。それは所得の源になるだけではない。**学びの結果、自分が情熱を燃やせるものを見つけることができれば、人生は精神的にも豊かになる。**情熱と関心をもつことができて、しかも十分な所得が得られそうなスキルや知識を見つけることははたして可能なのだろうか。

抽象論では、この問いに答えるのは難しくない。

目を向けるべきは、経済的な価値を生み出せて（お金を稼げて）、しかも世の中でめずらしい（希少性がある）スキルや知識だ。またライバルより優位に立つために、そうしたスキルや知識は模倣が困難なものでなくてはならない。そしてもう一つ、機械によって置き換えられにくい（代替性）ことも必要だ。

テクノロジーの進歩により、この最後の条件を満たすことがとりわけ難しくなっている。どのスキルや知識が機械に置き換えられにくいかという点は、特に重要だ。

テクノロジーがさらに進歩した時代に、教育、学習、研修は次の三つのルートで仕事人生（キャリア）を後押ししてくれる。

一つ目は、新しいアイデアと創造性をはぐくむのを助けること。二つ目は、人間ならではのスキルと共感能力を発揮できるようにすること。最後は、思考の柔軟性と敏捷性など、あらゆる分野で通用する汎用スキルをはぐくむことだ。

長く生産的な人生を送るためには、**思考の柔軟性と敏捷性などの汎用スキルが特に必要**となる。専門性を高めることは必要不可欠だが、一つの分野の専門技能を習得するだけでは、長い勤労人生を通して生産性を維持できない。技術革新が加速していることを考えれば、どのような専門技能もいずれ時代遅れになる。勤労人生の途中で専門分野を変更しなくてはならないケースも増えるだろう。

これから重要になる知識

1. 経済的な価値と希少性があること
2. 模倣困難であること
3. 機械によって代替されにくいこと

学校教育はあらゆることの土台になる分析や思考の能力を培う場に変わっていく。そうした土台さえ築いていれば、異なる分野に転職しても柔軟性とイノベーション精神を発揮して活躍できる。長い勤労人生の途中で職を変えたり、業種を移ったりするケースが増えれば増えるほど、どこでも通用するスキルや知識をもっていることが重要になる。

仲間

みなさんは、学力（大人の場合はスキルと知識）は個人で伸ばすものだと思っているかもしれないが、周囲の環境も無視できない。どのように勉強し、どのくらい成績を伸ばすことができるかは、個人の努力だけでなく、先生や友だちによっても決まってくる。優秀な学生ほど、他の優秀な学生と一緒に勉強したがる。

就職してからも、このような人間関係は生産性資産の獲得に

世間の評判も立派な無形資産

おいて重要だ。

強力な人間関係を築いている人は、ほかの人の知識を容易に取り込み、自身の生産性を向上させ、イノベーションを促進できる。

生産性を高めるために、個人の評判を高めることも重要だ。この評判は、個人的な信頼やブランドと言い換えても良い。

評判が良くない人は、優秀な人が友だちになってくれないため質の高い仕事仲間のネットワークを築くことができない。

評判という無形の資産を築くには、長い時間がかかる。評判の良い人は、これまで長い間、協力的な態度や信頼に足る行動を続けてきた人であり、逆に評判の悪い人は、長い間、利己的な行動をしたり、他人をだましたりしてきた人だ。人の信頼を勝ち得るには、具体的な行動の積み重ねが必要だ。それには、かなりの時間を要する。

人生１００年時代になると、いくつもの企業や業界を渡り歩き、スキルを変えながら長く働くことが普通になる。そのときに重要なのが世間の評判だ。転職したり、ほかの業界に移ったりするとき、評判の良さは一つの有益な資産になる。

新しい分野に移るときに役立つのは、公正さと誠実さ、実行力、柔軟性、そしてそれらについての高い評判は、どのような企業や役職においても価値がある。

❷ 活力資産

良い人生を送るために何が必要か。健康、友人、愛を挙げる人が多い。このような要素を「活力資産」と呼ぶ。この活力資産は、私たちに幸福感と充実感をもたらし、やる気をかき立て、前向きな気持ちにさせてくれる。

活力資産を維持するためには、まず健康に気をつけなければならない。これから先の長寿化時代には、健康の価値がいっそう大きくなる。50歳のときに病気で働けなくなることのダメージは、寿命70歳時代より寿命１００歳時代のほうがずっと深刻だ。

活力資産を構築し維持していくためには、ストレスの要因を管理する必要がある。職場と家庭は完全に切り離すことができない。何らかの事情で家庭関係がうまくいかなければ、その気鬱な気分が仕事にも悪影響を及ぼす。仕事で大きなストレスを感じていれば、家庭にもその悪影響が伝播する。

逆もまたしかり。家族関係がうまくいっていてリラックスした気持ちで出勤できれば、仕事にも好ましい相乗効果が生まれる。職場で充実した仕事を行うことができれば、家庭生活にもプラスの効果が及ぶ。

自己再生に資する友人関係

自分と同じ考えをもつ仕事の仲間は、生産性を維持する助けになる。一方で、精神の健康と幸福感を維持し、活力資産を形成する点で役立つのは、親しい友人のネットワークだ。それは、私たちに心の支えと安らぎをもたらしてくれる。つまり「自己再生」の友人コミュニティだ。

こうした「自己再生」の人的ネットワークは、仕事の人的ネットワークとは性格が異なる。自己再生の友人関係は長い年数をかけて築かれる。共通の友人や趣味、関心事もおのずと似通っている。それゆえに友情が長続きし、深いものになっている。

その友情が壊れたり変質したりすれば、私たちは動揺し、ときに落ち込む。それくらい感情的な要素が大きい。だからこそ自己再生の友人関係は、私たちの活力を強く支えてくれる。家庭や学校（職場）での悩みを親しい友人に打ち明けて、気分がすっきりしたり、前向きな気持ちになったりした人は多いはずだ。幸福と活力をはぐくむうえでとても重要な役割を果たしてくれる。

しかし人生１００年時代には、こうした感情のこもった強い友情関係を維持することはいっそう難しくなる。長い人生で多くの転機（転職や引っ越し）を経れば、アイデンティティ（自分らしさ）の意識が変わり、友人との絆が弱まったり、ことによると断ち切れたりする。

まとめ

- やさしい家族やすばらしい友人、高度なスキルと知識、肉体的・精神的な健康などの無形の資産は、私たちの人生を豊かで幸せなものにしてくれる。
- 友人関係、知識、健康はおろそかにしたり、放置したりすれば、価値が減少する。こうした無形の資産は有形の資産と同様にいつも維持管理や補充をする必要がある。

3ステージの人生における無形資産

ここで武夫の生涯における有形資産と無形資産の関係について見てみよう。

1945年生まれの武夫は大学に入学し、人生に必要なスキルと知識を築きはじめた（生産性資産に投資する）。武夫は成績が優秀で、大学の教授や同級生の評判も上々だった。将来の妻となる女性とも知り合う。「生産性資産」と「活力資産」は拡大した。ただし学費ローンと家賃の支払いで、有形資産は縮小に向かった。

卒業後は、N社という大手鉄鋼メーカーに入社できた。これは、武夫の生産性資産に関して非常に大きな意味をもつ。職場で優秀な上司や先輩、あるいは同僚にさまざまなことを教わりながら仕事を覚えていった。

しかし仕事の実務を通じた学習を別にすれば、価値のある新しいスキルや知識はあまり増やすチャンスがなかった。

武夫は会社での昇進を目指して仕事に打ち込んだ結果、家族と過ごす時間も減っていった。過酷な仕事を終えて自宅へ向かうときはいつも疲れ切っていた。妻との会話の時間が少なくなり、子どもには父親らしいこともしてやれなくなった。子どもの教育方針をめぐり妻との口論も絶えない。こうして武夫は家庭でもくつろぐことができなくなってしまった。

武夫は40代半ばになると、会社の幹部として多くの部下を監督する管理職に昇進した。地位が高くなると、新しい知識を身につける時間もなくなった。

こうして**若い頃に蓄えていたスキルと知識（生産性資産）の価値が縮小しはじめる**が、武夫は何とか引退の日を迎えることができた。有形資産に関しては、引退までに住宅ローンを完済し、老後資金も十分に蓄えることができた。

引退後は、勤労期間に蓄えた貯蓄（金銭的資産）を取り崩しながら生活する一方で、長く遠ざかっていた趣味を再開し、家族や友人と過ごす時間が増やせるようになった。

引退生活は満足感を味わえる幸せな日々となった。

武夫の人生からいくつかのことが見えてくる。全体としては、この3ステージの人生がうまく機能していることだ。

武夫は第2ステージの勤労期間に、有形の資産を築くことに力を入れる。この期間に無形の資産の構築や維持を担うのは、妻の芳子の役目だ。子どもの世話や、地域コミュニティや友人との付き合いは、彼女が一手に引き受けた。武夫が幸せな引退生活を迎えられるのは、勤労期間に妻が無形の資産の構築や維持に専念してくれるからにほかならない。妻の助けがなければ、武夫の人生は全体としてきわめてバランスを欠いたものになっていた。

昔はこのような家族形態が一般的だった。しかしこの数十年で結婚や夫婦のあり方は様変わりした。伝統的な夫婦関係が消滅し、さまざまなライフスタイルを選べる時代が訪れようとしている。

夫婦の両方が仕事をもつ生き方を追求できるようになったことも、家族のあり方の変化に拍車をかけている。夫婦二人が職をもつほうが老後の生活資金を貯蓄しやすい。しかし、その場合、**無形の資産の維持や管理を誰がどのようにするか**という問題を避けて通ることはできない。

③ 変身資産

女性の選択肢の多様化によって、武夫のような「３ステージの生き方」が難しくなれば、必然的にマルチステージの生き方が広がる。

人生１００年時代の到来で予測できることが二つある。

まず、最初の教育の期間が長くなる可能性が高い。無形の資産の獲得と蓄積の時間を長くすることで、勤労期間の長期化で生じる激変に備えるのだ。教育に長い年数を費やせば、テクノロジーの陳腐化に対処するための重要な専門性を高めることができる。

もう一つは、勤労期間が一つの繋がり（継続）ではなく、細切れになることだ。知識の蓄えが底を突き、健康とモチベーションが枯渇し、友人や家族との結びつきが寸断されるのを避けるために、大半の人は仕事人生をいくつかの塊に分割することを望むだろう。技術革新が加速し、産業構造が激変していく中で、頻繁にリフレッシュし、スキルを学び直す期間を設けることが有利に働くからだ。

有形の資産と無形の資産のバランスを取るためにマルチステージの人生を生きようとするなら、「変身資産」を築いておく必要がある。人生の途中で新しいステージへの移行をうまく成功させるための意思と能力だ。

武夫はこの種の変身資産をほとんど必要とせず、あまり蓄えてもいなかった。１９６０年代に働きはじめたとき、想定していたのは、いわば一本道の仕事人生だった。

すべてが変わりはじめたのは１９８０年代後半であり、武夫が40代半ばの頃だ。この時期に雇用の流動性が大幅に高まった。企業は終身雇用を約束しなくなり、働き手も柔軟な働き方を望むようになった。グローバル化の影響により多くの雇用が失われ、武夫の世代の多くが〝変身〟を余儀なくされた。

それに対し、浩子は雇用の流動化が当たり前になりつつある時代に育った。大人になる過程で、雇用の流動化がもたらす影響について耳にする機会が次第に増えていった。職場は個人が一生を捧げる場ではなく、自己の目標を追求する場ないし手段と位置づけられるようになった。

翔太と葵が経験する変化と移行は、浩子に輪をかけて多い。勤務先だけでなく、おそらく働く業種も変えざるをえないかもしれない。彼らの転職は、企業倒産などによって強いられるものではなく、無形の資産を維持するための自発的なものだ。自らが「変身」するための転職だ。

「自分」について深く知ること

自分の「変身」を成功させるには、自分についての理解が不可欠だ。

武夫のように伝統的な勤労人生を送った世代にとって、アイデンティティは、その人の社会や家庭、企業における立場や役割によってもたらされた。しかし、長い人生を送るようになれば、その人がどこで、どの親から生まれ、どのような環境で育ったかよりも、**こ**

れまで何をしてきたか、これから何をしようとしているかがアイデンティティを大きく形づくる。**生涯に多くの役割を経験すればするほど、一つの役割だけでアイデンティティは決まらなくなる**。アイデンティティは、親から受け継ぐもの、世の中から与えられるものより、丹念につくり上げるものになる。

自分のことをよく理解するためには、ほかの人たちに意見を求め、それについて深く考えなければならない。**変身資産を積極的に築こうとする人がほかの人と違うのは、単に情報を得るだけでなく、自己認識と世界に対する見方を変更できる点**だ。自分についての理解が広く深くなれば、転職などにともなう不確実性に対処する能力が高まる。

こうしてアイデンティティを主体的につくり上げようとする意識が高まれば、「こうありたいという自己像」への理解も深まる。その結果、アイデンティティが未来に広がる。ありうる自己像とは、未来に自分がどのような人間になる可能性があり、どのような行動を取る可能性があるかを意味するものだ。

ありうる自己像は、自分についての知識と組み合わさって、未来に取るべき行動へと私たちをかき立てる。自分についてよく理解している人は、人生に意味と一貫性をもたせる生き方をすることができる。

多様性に富んだネットワーク

変身を遂げるためには、これまでよりも広く多様性に富んだ人的ネットワークに触れる必要がある。具体的には、人生のお手本（ロールモデル）になり、意気投合できる人物、自分と同様の移行を経験した人物を探すことだ。そうした人物を通じて、新しく踏み出そうとしている世界を学んでいくことができる。

いろいろなタイプの人と出会いたければ、もっと大規模で多様性に富んだ人的ネットワークの中を探すべきだ。そのような人的ネットワークの中でなら、あなたが憧れをいだくことができ、変身のお手本にできそうな人が見つかるだろう。

そしてもう一つ、「変身資産」を高めるために不可欠な要素が、新しい経験に対して開かれた心や姿勢をもつことだ。

過去に例のない大胆な解決策を受け入れる姿勢、古い常識ややり方に疑問を投げかけることをいとわない姿勢、画一的な生き方に異を唱え、人生のさまざまな要素を統合できる新しい生き方を実験する姿勢をもっていなくてはならない。ほかの人たちの生き方と働き方に興味をもち、新しいことを試すときのリスクを嫌わない姿勢も必要だ。

ほとんどの人は不安や迷いを避けたいがために、新しい経験に対して背を向ける。そして変身をしない理由をいくつも見つけようとする。しかし人生１００年時代を見据えるならば、新しい経験にチャレンジしていく勇気をもつことが大切だ。

変身資産を育むために必要なこと

◎自分に対する理解：ありうる自己像を考える

◎多様性に富んだ新しい人的ネットワークを広げる

◎新しい経験に対して開かれた姿勢をもつ

まとめ

◎人間関係は、生産性資産の重要な決定要素である。強力な人間関係を築いている人は、ほかの人の知識を容易に取り込み、自身の生産性を向上させ、イノベーションを促進することができる。

◎長く働く時代には、公正さと誠実さ、実行力、柔軟性、そしてそれらについての高い評判をもっておくことが生産性の拡大に役立つ。

問い

あなたがいまもっているプラス（人生をより充実させる）、マイナス（人生をより空虚にさせる）の両方の無形資産を列挙してみよう。プラスの無形資産をさらに増やすにはどのような努力が必要か、マイナスの無形資産はどのようにすれば減らすことができるか考えてみよう。

これまでの人生で「変身」したことがありますか。そのきっかけになったのはどんなことだったのか振り返ってみよう。

マルチステージの人生を幸せに生きるためには、自分なりのアイデンティティ（自分らしさ）をもっておく必要がある、といわれています。あなたは、自分がどういう人間なのか、何を大切にして生きて行きたいか、挙げてみよう。

答え

第6章

自分の可能性を広げる

浩子、そして翔太と葵が人生１００年時代をどう生きるのか。そのシナリオを何通りか紹介する。

浩子が送ってきた人生

１９７１年生まれの浩子は、武夫の世代の3ステージの生き方を前提に働きはじめた。しかし、いまはその確信が揺らいでいる。

大学でコンピュータを専攻した浩子。新卒で就職した会社は、地元の中堅のIT企業「スモール社」だった。事務・管理業務について多くの顧客に助言する仕事に携わる。

5年後の26歳のとき、顧客企業の一つである「ミディアム社」のIT部門に転職した。前の会社より規模が大きい。30歳のときチームリーダーに昇進し、複数の拠点にまたがるITチームを率いる。2週間に1回はそれぞれの拠点に出張し、チームの状況を把握しなくてはならない。家庭への負担は大きい。

中堅幹部として出世の階段を上るうちにお金を貯め、頭金を払ってマイホームを買う。ところがその数年後、ミディアム社はIT系の事務・管理業務の半分をインドのムンバイの会社に任せる（業務委託）ことにした。浩子は交渉責任者を務め、二度にわたってムンバイを訪ねた。

ところが、39歳で職を失う。インド企業への業務委託がうまくいったため、経営陣はIT系の事務・管理業務のすべてをインドに移すことを決めたのだ。就職活動を始めるが、浩子は自分にふさわしい就職先を探すのに苦労する。そこでどの企業にも所属しない独立系（フリーランス）のIT専門家に転身する。

宣伝のために自分のウェブサイトをつくり、報酬は仕事をした時間で受け取ることにした。この状態が2年間続く。お金の面では厳しい時期だった。浩子と夫の宏は、貯蓄をあきらめた。さらには日々の生活費をまかなうために、マイホームを担保に金融機関からお金を借りざるをえなくなる。

2012年頃になると景気の好転で企業が再び正規社員を雇うようになり、浩子は30社以上の企業に履歴書を送ってみた。その結果、「スマート・ジョブ社」という

ITコンサルティング会社への就職が決まった。それまで暮らしていた町から約650キロも離れた町にある会社だ。

浩子は収入が大幅にアップして、マイホームのローン返済を再開、貯金も再び始めた。ただし、一家は別居よりも、引っ越しを選んだ。この時点で41歳。スマート・ジョブ社に入社するとすぐにチームリーダーに昇進し、15人のITコンサルタントを率いる。しかしその仕事は過酷だった。幹部同士の競争が激しく、社内のチーム同士が顧客を奪い合っていた。

40代半ばになった浩子の「資産」

この時点で浩子の有形の資産と無形の資産は、どうなっているのだろうか。

生産性資産

大学時代に最初の投資として、テクノロジーについて学び、一般的な知識とスキルを習得した。スモール社に入社後は、ＩＴシステムに習熟し、マネジメント能力も磨きはじめる。ミディアム社に転職後は、インドのＩＴアウトソーシング市場と複雑な企業提携のマネジメントについて学び、新たな専門領域を広げることができた。

しかし、スマート・ジョブ社に加わると、企業提携のスキルを生かすことはなく、日々のノルマに追われた。成長したり、新しいことを学んだりする時間は、ほとんどなくなった。スキルと知識が枯れていく一方だった。

活力資産

同世代の多くの人と同様に、浩子も大学時代に自己再生の友人関係の基盤を築く。卒業後ほどなくして結婚し、数年後に最初の子どもが生まれた。その後さらに二人の子どもを授かる。子どもの友だちの親を中心に、良好な近所付き合いも始まる。教員の夫の宏は、育児にも多くの時間を割いてくれる。浩子がスモール社に勤務しているときは、活力資産の面で非常に順調な日々を送ることができる。

しかし、ミディアム社に転職すると、浩子の出張が続いて、夫の宏に家庭のさまざまな負担がのしかかるようになる。宏は次第に、教員の仕事と育児を両立させることがつらくなる。夫婦の絆は強固だが、浩子は仕事に向かうとき、しばしば罪悪感をいだく。こうして、充実していた活力資産が減りはじめる。

しかし、フリーランス時代にバランスを取り戻す。浩子は子どもたちと過ごす時間を増やし、昔の友だちと連絡を取り合い、宏と旅行にも出かける。有形の資産（お金）ではあまり裕福とは言えないが、無形の資産に多く投資することができた。

だがスマート・ジョブ社に勤務を始めると、活力資産は再び減少に転じる。長時間労働が続き、帰宅するときにはイライラし、不機嫌なことが多くなる。家族のために割ける時間はほとんどなくなった。友だちとの付き合いも中断せざるをえない。夫の宏は、妻にもっと家庭や自分のほうを向いてほしいと感じはじめる。

変身資産

浩子は、これまで二つの時期に人的ネットワークの多様性を拡大させた。ミディアム社でインド関連の人脈を築いた時期と、フリーランスで（独立して）働いた時期だ。

これらの時期には、人的ネットワーク以外の面でも、仕事の転職に役立つ能力をはぐくみはじめる。自分についての知識を深め、新しい経験に対して開かれた心や姿勢を身につけていったのだ。

一方、スマート・ジョブ社時代は、そうしたことにほとんど時間を割けない。

有形の資産

浩子はミディアム社で働くようになってから、ローンを組んで家を買い、所得の15％前後を貯蓄しはじめる。

フリーランス時代には、友だちとの付き合いを再開し、健康的な生活を送るなど、無形の資産は目覚ましく充実したが、有形の資産は減少してしまう。貯蓄どころか、マイホームを担保に金を借りる羽目になる。

その後、スマート・ジョブ社に入社すると、高給を受け取り、以前のような貯蓄率に戻ることができた。40代になって有形の資産を再び築きはじめるが、無形の資産は細っていくばかりだ。

さて、これから勤労人生の後半に差しかかろうとしている浩子は、働き方に関してどのような選択肢をもっているのだろうか。

浩子の3・0シナリオ

浩子の最初の選択肢は、武夫の世代と同様に3ステージ型の人生を送るというものだ。学生時代に投資した生産性資産を頼りに、勤労人生を最後まで生き抜き、65歳での引退を目指す。

２０２１年の浩子▼　50歳。変化の速いテクノロジーの世界で、自分のスキルが時代遅れになりつつあることに気づく。職場で脇役に追いやられることが増えてきた。有形の資産を点検すると、過去5年間は貯蓄ができるようになったが、それ以前はほとんどできていない。65歳で引退するには蓄えが足りない。

２０３１年の浩子▼　60歳。貯蓄はまだ不十分だし、無形の資産も不足している。しかも公的年金は削減され、２０３４年には受給開始年齢が70歳まで引き上げられることも決まっている。最初に勤めたスモール社には企業年金制度があったが、その後の勤務先にはない。

一方、無形の資産も底を突く。新しい知識やスキルを身につける投資を行ってこなかったためだ。このままでは低賃金の仕事に就かざるをえなくなる。

２０４１年の浩子▼　70歳。満足のいく給料の職に就くことが次第に難しくなる。フルタイムの会社員として働くことをやめる。思っていたよりずっと貧しい生活をする羽目になる。

このシナリオは、過去の標準的な生き方をそのまま延長したものだ。浩子は、自分のまわりで起きている変化に目を閉ざし、自分の未来を主体的に計画することもしない。

3ステージの人生と言っても実際にはさまざまなパターンがあるが、ここでは二つの問題を指摘できる。

一つは、貯蓄が不十分なこと。もう一つは、無形の資産への投資が不十分なことだ。

浩子がこうした暗い将来を避けたいと思うなら、まだ間に合う。

しかし、長く生産的な人生を送るためには、さまざまな選択肢を検討し、意識的に進路変更を行う必要がある。受け身の人生から脱却しなければならない。

浩子の3・5シナリオ

最初は3ステージの人生に「0・5」分だけ新たなステージをつけ加える生き方だ。

この3・5シナリオでは、少しだけ刷新と変化が必要だが、無形の資産に大きな投資をしたり、変身資産を本格的に活用したりすることまでは求められない。リスクを嫌う人、つまり40代半ばになっていまさら冒険したくない人に最も適している。

２０２６年、55歳の浩子を想像してほしい。

政府が２０３４年から公的年金の受給年齢を70歳に引き上げる計画を発表した。これを受けて、浩子は行動を起こす。

自分のもっているスキルがスマート・ジョブ社であまり評価されなくなり、ライバル社に転職しても高い給料の職に就くことが難しいと気づく。しかし老後に必要な生活資金を計算すると、少なくともあと15年は働かなくてはならない。

ここで転機が訪れる。自宅の近くに社会人教育の大学があり、ミディアム社時代の古い友人が学部長をしている。その友人に誘われて、週に1回、夜間にITとマネジメントを教えはじめる。謝礼はお世辞にも高いとは言えないが、浩子は丁寧な講義や学生の指導が高く評価される。

２０３０年、大学から正規採用のポストを提示されてスマート・ジョブ社を辞める。給料は減るが、自分の能力を生かすことができ、しかも大学から評価されている実感が強まる。仕事の時間が減り、仕事と家庭生活のバランスもうまく取れる。

３・０シナリオと大きな違いはないが、３・５シナリオのほうが好ましい結果をもたらす。70代になっても仕事を続けられるメリットは大きい。

大学の仕事に就けたのは、幸運にも昔の同僚が地元の大学で働いていたからだが、みずからの意識的な努力の賜物でもある。

浩子の３・５シナリオはこれで終わりではない。65歳でフルタイムの仕事から引退し、前職のスマート・ジョブ社か、あるいは同業他社でパートタイムのコンサルタントとして働くこともできる。このほか思い切ってＩＴの世界を離れることも考えられる。

これらの３・５シナリオは、ある面ではうまく機能する。

追加の０・５ステージで有形の資産を大きく増やせないが、当座の生活費をまかなうことはできる。蓄えを取り崩す年数を減らせるので、資金計画がそれなりに楽になる。

活力資産をはぐくむ時間もたっぷりある。家族や友人と過ごし、心身の健康を保つための時間を十分に使える。

ただ、浩子はスマート・ジョブ社から近所の大学へ移っただけで、本格的な変身にはほど遠い。IT分野の仕事をしていることに変わりはなく、話すことの内容も以前と同じだ。浩子は1年たつごとに、自分の知識と経験が古びていくことを痛感する。

生産性資産を充実させたり、変身資産を活用したりすることはほとんどない。大きな変化も経験しないため、3ステージの人生の付録程度の意味しかもたない。この場合、人生が長くなればなるほど、投資不足が深刻な問題になる。

浩子の4・0シナリオ——変化と変身を経験

浩子はもっと積極的に変化を追求するシナリオも選べる。3・5シナリオよりも無形の資産に投資し、リスクを覚悟した行動を取り、多くの変化と変身を経験する生き方だ。

以下では、二つのシナリオを紹介しよう。

一つ目のシナリオでは、ＩＴの世界で働き続けるが、大きな変身を遂げてポートフォリオ型のキャリアを実践する。

二つ目のシナリオでは、大きなリスクをともなう決断をし、自分のビジネスを始める。いずれも強い意志をもって変化と変身を受け入れるシナリオだ。人生に四つ目の新しいステージが登場するので、これらを４・０シナリオと呼ぶことにする。４・０シナリオが３・５シナリオと違うのは、早い段階で変化の必要性に気づくため、変化を遂げる時間が十分にあることだ。

４・０シナリオ①　ポートフォリオ型の新ステージ

２０１６年の浩子▼45歳。この年、変身資産を本格的にはぐくみ、活用するための行動に踏み出す。ここで仕事上の友人たちで構成される人的ネットワークが物を言う。彼らに相談すると、注目度の高い分野のスキルを磨く研修プログラムに参加するよう勧められる。スマート・ジョブ社の上司に相談するが、その研修費用を負担するつもりはないと断られる。

浩子は勇気ある決断をする。向こう1年間、週2日の夜間と隔週の土曜日を費やし、自費でプログラムを受講することにした。

普段はオンライン上で学習し、受講生同士が議論する。隔週の土曜日にはみなが教室に集まって授業を受ける。過酷な日々になるが、スキルを向上させられるし、モチベーションの高い人たちと知り合うことができる。そして何より、最後には業界で高く評価されている受講証明書を受け取ることができる。

このように思い切った投資をして、新しい資格を手にした浩子は、次の職を探しはじめる。最終的に、グローバルな大手IT企業のタタ社に入社する。インドのムンバイに本社がある会社だ。従業員の育成を重視していて、バーチャルなチームをマネジメントし、複雑な企業提携をサポートできる浩子の能力を高く買ってくれる会社だと思えた。

浩子は、活力資産のマネジメントの仕方も徹底的に点検し直す。家庭と仕事のバランスが取れていないと感じているからだ。

夫で教員の宏は、かねてからもっと多くの時間を教師の仕事に割きたいと思っている。その意向に応えるために、いくつもの約束事を決めて、夫婦ともに希望通りに働ける態勢をつくる。

2021年の浩子▼　50回目の誕生日を祝う。勤務先のＩＴ企業は浩子の能力開発を重んじ、年に10日間を好きな内容の研修に使わせてくれる。

いまはまだフルタイムの仕事を辞めたくないが、将来に向けて投資を始めようと決意する。具体的には、上級レベルのプロジェクトマネジメントの研修プログラムに参加することにする。年に10週間、週末を返上し、現役のプロジェクトマネジャーたちが集まる合宿セミナーにも参加する。世界のプロジェクトマネジャーの人的ネットワークも築きはじめる。国際派のプロジェクトマネジャーとして知られるようになり、いくつかの関連スキルの資格取得も目指す。

2036年の浩子▼　65歳。浩子と夫の宏は、まだ仕事から引退する気がまったくない。浩子は2年前にインドのＩＴ企業を退職し、正式な資格をもった独立系のプロジェクトマネジャーとして働きはじめた。世界規模のコミュニティで10年かけて人的ネットワークを築いたことが功を奏し、仕事には事欠かない。

人生の資金計画はどうか。77歳まで働き、しかもポートフォリオ・ワーカー時代に、会社員時代と同レベルの所得を手にできる。老後の生活資金を確保するためには、勤労期間に年間所得の約8・5%を貯蓄するだけで十分だ。

このシナリオでは、浩子は生産性資産と活力資産に大がかりな投資を行い、さらには変身資産も大幅に高める。その結果、人生に四つ目のステージを加えることができた。

ここで押さえておきたいことは、早い段階で生産性資産と活力資産に投資したおかげで、浩子は77歳まで働ける点だ。

4・0シナリオ② 起業家型の新ステージ

浩子が45歳のときに起業家を目指すなど真のリスクを冒し、思い切った転身を遂げるのが、次のシナリオだ。

2016年の浩子▼ 自分の人生についてあらためて考えた浩子は、将来への不安が募ってくる。スマート・ジョブ社の仕事は過酷で、家庭への負担も大きい。住宅ローンの返済もある。現在のペースでは十分な金銭的資産を蓄えられず、70歳までには老後の生活資金が貯まらない。

そこで、自分の意思で未来を選択するために、このあとの2年間を、週末と休暇をすべて起業に向けた準備に投じる。

まず、IT市場の状況をよく調べ、自分についての知識を築くことを始める。研究の結果、多くの新興企業が事務・管理業務のコストを抑えたがっていることがわかった。この仕事を海外（特にインド）に外注する仕事が有望に見えてきた。そこで浩子が連絡を取ったのは、インドのかつての外注先の関係者たちだ。

いま住んでいる町は規模が小さく、起業後に顧客になってくれそうな新興企業があまり存在しない。そこで戦略を一歩前に進めて、スマート・ジョブ社の上司に掛け合い、大都市の拠点に異動させてもらう。

浩子は休暇を取ってインドを訪ねたとき、日本人の大前と知り合っていた。インドのアウトソーシング会社2社と緊密なビジネス上の関係を築いている人物だ。絶好のビジネスパートナーになりうると思いつく。

2019年の浩子▼

いよいよ準備が整う。2020年前半には大前と「ユアーIT

社」という会社を設立する。地元のコネを通じて最初の二つの顧客を獲得し、インドの提携企業と緊密に協力しながら低コストで効率の高い事務・業務管理のサービスを提供し始める。

このシナリオで、注目すべき点は、早い段階で起業を決断していることだ。

多くの新興企業は破綻する。浩子の会社も、例外ではない。それでも、浩子は有形の資産と無形の資産を築き、特に変身資産を充実させているので、多くの選択肢を確保し続けることができる。

これらのシナリオでは、浩子が歩む道のりは比較的平坦で、最後には成功を収めることになっている。しかし実際は、すべての人が成功するわけではない。これほどの労力とエネルギーをつぎ込んでまで4・0シナリオの人生を生きることに、どのようなメリットがあるのか。まず有形の資産と無形の資産を構築、増強できる。そして所得の多い期間が長くなるので老後の生活資金を増やし、生産性資産と活力資産を強化できる。この二点だ。

翔太と葵の人生のシナリオ

ここからは翔太と葵のシナリオを見ていく。

まず、武夫の3・0シナリオは、翔太と葵にはまったく実践不可能だ。また浩子の人生で示した3・5シナリオも成功しない。生きている期間が非常に長いからだ。有形と無形の両方の資産で問題が生じる。

結局、翔太と葵には4・0シナリオか、5・0シナリオの人生しか残っていない。翔太と葵の世代が働き始めるのは2029年頃だ。その後の長い仕事人生では中程度のスキルだけでなく、高スキル、低スキルの定型的な職業も続々と姿を消していく。翔太と葵は将来を予測しながら、頻繁に新しいスキルを習得、補強していかなくてはならない。生産性資産を保つためには、職場で実践的な指導や研修を受け、さらに別途、時間を取って職能訓練を受ける必要がある。

いずれにせよ、翔太と葵が生産性資産と活力資産に再投資し、それらの資産を再活性化させ続ければ、4・0シナリオは機能する。

しかし、翔太と葵の人生の選択肢は浩子より多い。変身を遂げるのが得意なら、四つといわず、五つのステージで構成される人生を生きることも可能だ。

翔太と葵の5・0シナリオ——85歳で引退するまで

翔太と葵が五つのステージを生きるシナリオについて検討しよう。

2019年の翔太と葵▼　20代を迎える翔太と葵は、自分が100年以上生きるという前提に立って、人生の選択を行う。学校卒業後すぐに人生の針路を決定するのではなく、しばらくはさまざまな選択肢を模索する。

具体的には、大学を卒業したあと、旅に出る。アルバイトなど不安定な仕事で働くこともいとわない。エクスプローラー（探険者）の日々を送るのだ。

たとえば、アルゼンチンとチリを旅するとしよう。翔太と葵は、その過程でラテンアメリカの文化に接する。スペイン語も習得する。スペイン語の技能検定試験に合格する。

昔から料理が好きな翔太と葵は、ラテンアメリカの都市で多く見かける屋台に強い興味をいだく。期間限定で営業する屋台が繁盛しているのを目の当たりにして、自分もフィエスタ（お祭り）の日だけ出店する屋台の営業ができないかと夢を見はじめる。流暢なスペイン語を駆使して、いくつかの都市のフィエスタ主催者と連絡を取り、実際の経験を通じて屋台ビジネスを学んでいく。収入はわずかだが、滞在費用は十分まかなえる。

2026年の翔太と葵▼　20代後半。数人の友人を誘ってフィエスタ・ビジネスの会社を始める。インディペンデント・プロデューサー（独立生産者）として、組織に属さずに働くのだ。

最初の大きな仕事は、ストリート・フィエスタの企画と運営だった。翔太と葵は、他の起業家の多くと同様、資金繰りに苦労する。そんなとき、数々のイベントを黒字に乗せてきた経験をもつ野中という人物と知り合う。

野中は、期間限定のイベントを手がける大勢の起業家を紹介してくれた。資金調達に関しても助言してくれた。オンライン上で不特定多数の人から資金を調達するクラウドファンディングで、翔太と葵は思い切って出資を募る。

また、積極的に世間の評判を確立する必要性にも気づき、数年間はそれに力を入れる。

やがてファンは何千人にも膨れ上がり、ブログの愛読者コミュニティは、国内各地やほかの国にも広がりはじめる。

翔太と葵はこの時期、次々と新しいことに挑戦し、実験を行う。新たなスキルや知識を身につけ、自分が得意なことと好きなことを見極める。組織のルールや手続きに縛られずに、自分でコントロールできる環境で行うのだ。

この時期には、活力資産も本格的に育むことができる。世界を飛び回る日々は、きわめて過酷だ。それでも、旅先ですばらしい友人たちと出会い、一緒に仕事をし、互いのことを深く知るようになる。こうした友人関係は、将来大きな意味をもつ。

このステージで注意すべきは、ＩＴ技術を駆使して、自分が何を経験するかを選び、評判をコントロールすることだ。オンライン上で確立した人格や評判、幅広い人的ネットワーク、成功させた新しい取り組みはすべて、有効な宣伝材料となる。将来のキャリアを飛躍させる発射台になる。翔太と葵にとって、オンライン上の人格と評判は学歴に負けず劣らず重要なのだ。

2033年の翔太と葵▼　30代半ばの翔太と葵には、さまざまな選択肢が開けている。自分の事業を成長させ、永続的な企業に育てるのもその一つだ。長く起業家活動を続けるつもりなら、それが好ましい。

しかしそういう人生に魅力を感じない場合、どのような選択肢があるのだろうか。翔太と葵は、このあと10年ほどの間に金銭的資産を築かなくてはならない。これまでは無形の資産を築くことに専念し、人生を楽しんできた。そろそろ長い人生に向けて資金面の準備をする必要がある。

オンライン上で存在感が強まった翔太と葵は、大企業の幹部たちの目にとまり、数社から入社を誘われる。食とエンターテインメントの分野での充実した経験、質の高い人脈、それに、新しい取り組みを成功させ、顧客のニーズを理解してきた実績が評価される。

声をかけてきたなかに、有名な食品企業の「イートウェル社」も含まれていた。

マーケティング担当の幹部が二人のウェブサイトを見て、食とエンターテインメントを一体化させていることに感心したのだ。

オンライン上の活動を強化し、世界中の食関連のイベントを紹介したいと考えていた同社は、その担い手として翔太と葵を招きたいと考えた。

翔太と葵は、交渉により、それなりの給料と地位から出発することができた。

翔太と葵は企業の文化にすぐにはなじめない。意思決定がうんざりするくらい遅く、官僚的だと感じるのだ。それでも、翔太と葵は大企業で成功したいと願っている。いくつかの国際的な役職を歴任し、その都度給料が大幅に跳ね上がっていく。

この時期にも、生産性資産の強化が続く。翔太と葵の職業上のアイデンティティは「ベンチャーの人物」から「大企業の世界で活動できる人物」へと変貌する。

ビジネス界の知識と専門技能も充実させていく。専門のセミナーを通じて、ほかの企業関係者やＮＧＯ関係者など、それまで接点がなかった人たちと知り合う。

イートウェル社での2年目、そうした人的ネットワークを土台に一つの企画を提案する。アマゾン地方やアフリカのルワンダのグループから、食品の新しいフレーバーの原料を購入するアイデアだ。

活力資産も引き続き強化する。学生時代や旅行中に知り合った友人たちと連絡を絶やさず、強力な友人関係を保つ。

　そんなとき、葵はブラジルを旅行中に、地元のＮＧＯで働く蓮という日本人の男性と知り合う。翔太もペルーを旅行中に地元ＮＰＯで働く莉子という日本人の女性と知り合う。それぞれのカップルには恋が芽生え、結婚のはこびとなり、そして二児が誕生する。


２０４１年の翔太と葵▼　イートウェル社での8年間は必死で働いたために大きな成功を手にできた。しかし、次第に不満が募ってくる。新しいＣＥＯと新しい経営チームがやって来て、これ以上の昇進は難しそうだと気づく。翔太と葵は新しい選択肢を模索しはじめる。

　45歳のとき、二人はイートウェル社を退職する。

　厳しい決断だった。翔太と葵が働かなくなれば、それぞれの家庭の所得は大きく落ち込む。それでもパートナーの莉子や蓮が働いているので、家計は厳しいながらも破綻せずに済む。

　時間に余裕ができた翔太と葵は、学校に通う子どもたちの世話をした。しかし、半年もたつと、数年先には仕事の再開を願うようになる。仕事が恋しい。お金も必要だ。

自分が変化を求めていることに気づく。

こうして、翔太と葵は本格的に働きはじめてから最初の移行を経験する。さまざまな選択肢につい
アイデンティティを見つめ直し、自分の未来について考える。
て友人や知人の話を聞き、進むべき道を検討する。

翔太と葵が選べる道は無数にある。昔のように自分の会社をつくってもいい。ポートフォリオ・ワーカーになってもいい。企業の世界にとどまってもいい。

翔太と葵は所得を最大限増やすために、人材採用コンサルタントの仕事を目指すことにする。しかしすでにこの仕事をしている人たちの話を聞くと、自分にはビジネスの経験があっても、人間心理に関する知識が不足していると気づく。

そこで、必要な生産性資産を磨くために、新しいスキルの習得に乗り出す。2年間かけていくつかのオンライン講座で学び、大学で職業心理学の学位も取得する。これにより人材会社で働く準備が整い、「タレントバンク社」に就職する。ホテル、旅行、食品分野が専門の人材会社だ。

2046年の翔太と葵▼

48歳で人材採用コンサルタントとして出発した翔太と葵は、

成功を目指して精力的に働く。有形の資産の形成に力を入れる。同じ業界内で数回の転職を重ねた後、60歳のときにヘッドハンティングされ業界屈指の大手企業の取締役に就く。

　経営幹部として充実した時間を過ごす一方で、活力資産が底を突きつつあるのに、ほとんど補充できていないことに気づきはじめる。仕事は多忙で出張も多く、家族のために割ける時間がほとんどなくなっている。

2068年の翔太と葵▼　お金の面でうまくいき、貯蓄を増やした翔太と葵に再度、選択の時期がやって来る。いまの仕事を続けて、有形の資産をさらに増やすこともできる。しかし、20年間の過酷な仕事の日々を送る間に、友人たちと疎遠になり、パートナーの蓮や莉子との関係がピリピリしてきた。健康も悪化しはじめていた。休息を取り、自分のために時間を使いたいと思いはじめる。

　そこで、活力資産の補充を最優先にした生活に転換することを決める。子どもたちはもう手がかからず、パートナーの蓮や莉子とゆっくり過ごすことができる。70歳の翔太と葵は、それぞれのパートナーと一緒にまた旅に出る。

2070年の翔太と葵▼　旅でリフレッシュした翔太と葵は、キャリアの次の段階に移行することを望む。同世代の多くがそうであるように、仕事はしたいけれど、過酷な仕事や大幅に時間を制約される仕事には就きたくない。

　ここで、それまで築いてきた変身資産が威力を発揮する。多様性に富んだ友人や知人のネットワークを通じて、すぐに四つのプロジェクトの計画がまとまる。目指すのは、夫婦のライフスタイルを維持するために必要な所得を確保すると同時に、翔太と葵が渇望する刺激を得られる日々を送ることだ。また、この時期には地域コミュニティと広い世界のためにも生産性資産を使うようになる。慈善活動、地域コミュニティの活動、ビジネスの活動を組み合わせたポートフォリオ型の生き方を実践する。

　85歳のとき、翔太と葵はいよいよ本当に引退する。孫やひ孫と過ごす時間を大切にし、毎年1回は、彼らを連れてアマゾン地方に出かけ、自分の人生で大切な意味をもった土地を訪ねる。

翔太と葵の5.0シナリオ：30～40代

◎30代半ば。オンライン上の存在感が強まった翔太と葵は、大企業の幹部たちの目にとまり数社から入社を誘われ、有名な食品企業の「イートウェル社」に就職。

◎ビジネス界の知識や専門技能など生産性資産を強化して、翔太と葵の職業上のアイデンティティは「ベンチャーの人物」から「大企業の世界で活動できる人物」へと変貌。

◎二人とも多忙な生活を送りながらも、お互いにパートナーを見つけ結婚、子どもにも恵まれる。

◎40代半ば。二人とも会社の上級幹部に昇進していたが、経営トップの交代によってこれ以上の昇進は難しそうだと気づく。新しい選択肢を模索しはじめる。

翔太と葵の5.0シナリオ：40〜60代

◎48歳で人材採用コンサルタントとして出発。60歳のときにヘッドハンティングされて、業界屈指の大手企業の取締役に就く。

◎70歳。貯蓄を増やした二人は活力資産の補充を最優先にした生活に転換。それぞれのパートナーと一緒に旅に出る。

◎70代。リフレッシュした後、次のキャリアへの移行を決意。多様性に富んだ友人や知人のネットワークを通じ、慈善活動、地域コミュニティの活動、ビジネスを組み合わせたポートフォリオ型の生き方を実践する。

◎85歳。いよいよ本格的に引退。孫やひ孫と過ごす時間を大切にし、毎年1回は自分たちの人生で大切な意味をもったアマゾン地方を訪ねる。

まとめ

- 5・0シナリオでは40代半ばに最初の移行が訪れる。自分のアイデンティティを見つめ直し、自分の未来について考えることが必要だ。さまざまな選択肢について友人や知人の話を聞き、進むべき道を検討する。
- 選択肢は無数にある。昔のように自分の会社をつくってもいい。ポートフォリオ・ワーカーになってもいい。企業の世界にとどまってもいい。

キャリアダウンも選択肢に

ここでは翔太と葵のキャリアが一直線に進むように仮定したが、これとは異なる道を歩む可能性もある。

たとえば、企業で働く時期にもっと多くの業界や企業を渡り歩くかもしれない。食べ物への愛を土台に、パートナーの蓮や莉子とレストランを経営してもいいだろう。あるいは、再び食品業界の企業に戻り、今度は昔より地位が低く、ストレスも軽い役職に就くこともできる。

そこで注目したいのは、翔太と葵が食品業界に復帰して、昔より低い地位の役職に就くというシナリオだ。

一般に、企業での昇進（キャリア）は「階段」という言葉でイメージされてきた。年齢を重ねるとともに地位が高くなっていく。しかし、このシナリオを生きるとすれば、翔太と葵はその常識を破る。

これからは、キャリアのイメージは階段ではなくなっていくかもしれない。

昔より地位の低い役職に就いた翔太と葵が会社に貢献できる点は多い。若い人たちと交わり、指導したり、模範になったりできる。翔太と葵も、若い同僚たちから学べることがたくさんある。そして、**若い人たちと触れ合うことにより、活力資産を強化し、人生に対して前向きな姿勢を抱き続けることができる。**

今後のキャリアの道筋では、企業の「階段」を上るだけでなく、下る決断をくだす人がどんどん増えていくだろう。

人生100年時代のキャリアはアップだけではない

まとめ

- 5・0シナリオのキャリアは、年齢を重ねるとともに一方的に地位が高くなる「階段」ではなく、「上り」もあれば「下り」もある「階段」のイメージだ。
- 昔より地位の低い役職に就いた翔太と葵が会社に貢献できることは多い。若い人たちと交わり、指導したり、模範になったりできる。

翔太と葵が他の世代と決定的に違う点

浩子は40代半ばのとき、変身資産を築くことの重要性に気づき、当初目指していた3・0シナリオからの大きな転換に乗り出す。それに対し、翔太と葵は最初から、変身することを前提に未来の人生を計画する。

もう一つ翔太と葵がそれ以前の世代と明らかに異なる点がある。それは、人生が非常に長くなり、活力資産を保つことがきわめて難しいという点だ。

5・0シナリオでは、キャリアを中断してリフレッシュし、変身を遂げるための期間を二度設けている。これらの時期に、人的ネットワークを広げ、自分のアイデンティティについてじっくり考えることで、変身資産を築くことができる。

長寿化時代には、無形の資産を補充し、本格的な移行を成功させるために自分を「再創造」する期間を設けることが当たり前になる。翔太と葵は、余暇の時間の多くを消費ではなく、投資に割かなくてはならない。移行期間を設けるために、その間の生活資金も蓄えておく必要がある。

このほかに翔太と葵の５・０シナリオで見落としてはならない重要な点が三つある。

①アイデンティティ

人生で多くのステージと多くのキャリアを経験するようになれば、そのすべてを貫く一本の柱をしっかりもっておく必要がある。これがアイデンティティだ。そのような柱があってこそ、人生のシナリオが真の意味で自分のものになる。翔太と葵にとって、最初に世界を旅して探索をすることが重要なのは、そのためだ。

旅に限らないさまざまな経験を通じて、自分がどういう人間なのか、そして何を大切にしたいのかが明確になれば、人生の多くのステージに一貫性をもたせられる。**自分の過去と未来をつなぐ一貫したストーリーをもっている人ほど、いくつものステージを移行することにともなうリスクが小さくなる。**

②パートナーとの関係

二つ目は家庭内のパートナーとの関係だ。武夫の典型的な３・０シナリオの人生では、武夫が働き、妻の芳子が家事と育児を担った。それにより（武夫の視点からは）有形の資産と無形の資産のバランスがうまく取れた。

しかしこうした役割分担では、夫婦ともに人生100年時代を生き抜くことができない。むしろ今後は、男女両方が職をもつことに魅力を感じる夫婦が増えるだろう。老後の生活資金や、人生の途中での移行と再創造のための資金を蓄えやすい。

夫婦の両方が職をもつ場合、無形の資産の強化と、さまざまなステージと移行の順序づけに関して、綿密な調整を行う必要がある。パートナーのそれぞれが自分の人生を計画し、人生のバランスを取ろうとすれば、その移行と変化を調整、管理するために二人が支え合い、互いに相手のために尽くす必要がある。

③複雑な資金計画

三つ目は、資金計画が武夫よりはるかに複雑なことだ。

3・0シナリオを生きる武夫の場合、勤労期間に金銭的な資産は次第に増えていき、引退時にピークに達する。そして、その後はまた減っていく。谷底は一つ、そして頂点も一つだ。所得が最も高い時期は、勤労人生の終わり近くに訪れる。

翔太と葵の5.0シナリオの三つの重要ポイント

1　アイデンティティ

2　パートナーとの関係

3　複雑な資金計画

翔太と葵の場合は、そうはいかない。いくつもの丘が連なったような様相を呈し、谷底と頂点が何度も訪れる。その登り下り傾斜もまちまちだ。翔太と葵にとって、生涯で最も所得の高い時期は、引退よりだいぶ前に訪れる。

本章で紹介した浩子や翔太と葵のシナリオは、あくまで一例だ。あらゆることを単純化している。マルチステージの人生の歩み方は、ほかにいくつも考えられる。それぞれのステージごとにリスクが潜んでいる。個々のステージがもたらす結果次第で、その後の人生の道筋も変わっていく。

しかし、３ステージの人生で身も心もすり減らしながら人生１００年時代を生きることが、あなたにとってのたった一つの選択肢ではない。

浩子、翔太と葵の人生シナリオ

 浩子のシナリオ	3.0	最初は3ステージのモデルを歩むが、途中で自分のスキルが時代遅れになり、65歳で引退するには蓄えが足りなくなる。無形資産も不足する。
	3.5	旧友のコネを活かして70歳まで大学で教鞭をとる。お金を多く増やせないが、当座の生活費はまかなえる。退職後の蓄えを取り崩す年数を減らせる分だけ資金計画が楽になる。
	4.0①	会社勤めの合間に余暇の時間を使って自分を再教育、再創造する。外資系へ転職し70代後半まで働く。ポートフォリオ型の新ステージを作る。
	4.0②	45歳で起業を決意。2年間、起業に向けた準備をする。休暇を取ってインドに足を運び、昔の仕事仲間たちと交流を再開。49歳で自分の会社を設立。起業家型の新ステージを作る。
 翔太と葵のシナリオ	5.0（20代）	大学を卒業した後、旅に出る。エクスプローラー（探険者）の日々を送る。20代後半、会社組織に属さないインディペンデント・プロデューサーとしてフィエスタ・ビジネスを立ち上げる。
	5.0（30～40代）	彼らのオンライン上の評判を見た大企業から誘われ、大手食品会社に入社。生産性資産の強化だけでなく、職業上のアイデンティティが「ベンチャーの人物」から「大企業の世界で活動できる人物」へと変貌する。
	5.0（40代以降）	40代半ばで大手食品会社を退社。2年間大学で学び直した後、48歳で人材採用コンサルタントとして再出発。60歳でヘッドハンティングされ業界屈指の大手企業の取締役に。有形の資産を十分増やした後、活力資産の補充を最優先にした生活に転換する。

まとめ

- 翔太と葵がそれ以前の世代と明らかに異なるのは、人生が非常に長くなるために、生産性資産の陳腐化が進み、活力資産を保つことがきわめて難しくなる点だ。
- 翔太と葵はキャリアを中断してリフレッシュし、変身資産を築く必要がある。人的ネットワークを広げ、自分のアイデンティティについてじっくり考える必要がある。

問い

- 翔太と葵の人生5・0でどのように感じましたか。自分にとって学びや気づいたことを挙げてみよう。
- 今回の事例ではいくつもの移行によって人生が形作られました。あなたの人生で取り組んでいたことを途中でやめたり、変えたりしたことはありますか。その経験によるメリット、デメリットは何ですか。

答え

第7章

人生の選択肢の多様化

新しい人生のステージ

長寿化がもたらす恩恵は、煎じ詰めれば**「時間」という名の贈り物だ**。**人生が長くなれば、目的意識をもって有意義な人生を送るチャンスが生まれる**。3ステージの人生の手かせ足かせが弱まり、すでに人生の新しいステージが出現している。

そういうことは過去にもしばしばあった。それらのケースも寿命が長くなったことが原因だった。

人類の歴史の大半の期間、人々の人生は子どもと大人という二つのステージだけで構成されていた。しかし、時代が新しくなるにつれて子どもと大人の境界が変わり、20世紀には二つの新しいステージが定着した。ティーンエージャーと引退者のステージである。

この二つのステージは、19世紀末に形成されはじめ、第二次世界大戦後のベビーブーム世代（武夫の世代）に一般化し、いまではすっかり当たり前になっている。

その変化の過程では、社会で莫大な数の実験が行われ、政府の規制と企業のルール、そして人々の行動が大きく変わった。21世紀に新しい人生のステージが根づくまでにも、同じように多くの社会的実験と変化が避けて通れないだろう。

実際、私たちはすでに巨大な社会的実験の最中にある。

現在の3ステージの人生のまま、こうした実験をすることには危険がともなう。

特に日本の場合、新卒で正規社員にならなければ、その先ずっと非正規雇用を続けなければならないリスクがつきまとう。普通と違う道を歩めば、企業の採用担当者からうさんくさく見られ、先々のキャリアに悪影響が及びかねない。

しかし人生100年時代の到来で社会実験が不可欠になり、同世代の人たちが人生のステージを一斉行進する時代が終われば、企業は人々を型にはめる発想を大きく改めなくてはならなくなる。

また、人々の社会実験が活発化し、人生のステージの順序が多様化すれば、それに突き動かされて、「エイジ（年齢）」と「ステージ」が一致する時代が終わりを告げる。

過去に出現した「ティーンエージャー」と「引退者」のステージでは、年齢と直に結びついていた。若くなければティーンエージャーにはなれない。高齢者でなければ引退者になれない。それに対し、いま出現しつつある新しいステージは、年齢と無関係である。

ここでは、読者のみなさんと関連の深い次の三つのステージを紹介したい。

「エクスプローラー」
「インディペンデント・プロデューサー」
「ポートフォリオ・ワーカー」

本章では新しいステージに光を当てるが、それらが旧来の教育、仕事、引退という三つのステージに取って代わることはない。これら三つのステージが用済みになり、人々の選択肢から消えるわけではない。厳しい労働を通じて金銭的資産の蓄積に集中する時期は、今後もなくならない。

しかし金銭的な「有形資産」と、目に見えない「無形資産」は切っても切り離せない関係にある。生涯を通してどうバランスを取っていくかが重要になる。

新しいステージは、すでに出現しつつある。これらのステージは既存の3ステージの人生の欠陥を補い、対処する道を広げてくれる。

まとめ

- 長寿化によって「エクスプローラー」「インディペンデント・プロデューサー」「ポートフォリオ・ワーカー」といった人生の新しいステージが出現する。

● 人々の社会実験が活発化し、人生のステージの順序が多様化すれば、「エイジ（年齢）」と「ステージ」が一致する時代は終わりを告げる。

若さと柔軟性

「長寿化」時代と聞くと、老後をいかに健康で過ごすかに関心が集まることが多いが、実際には若々しく生きる期間が長くなる可能性が高い。

こうした現象を生む一つの要因が、思春期の長期化だ。人間ほど社会的、経済的に大人に依存して成長する期間が長い動物はいない。教育に費やせる期間が長い。そのおかげで大人になれば、本能だけでなく、過去の世代から学習したことをもとに行動することができる。

寿命が長くなれば、教育への投資期間をさらに延ばすことができる。思春期の子どもは柔軟性をもっている。さまざまな選択肢（可能性）を探し求め、独り立ちする年齢に達した時にはベストの選択ができる。

若々しく生きる期間が長くなるというのは、思春期が長期化するだけの話ではない。あらゆる年代の人がもっと若々しく生きるようになる。人生１００年時代で多くのステージといくつもの移行を経験するようになれば、柔軟性が不可欠になる。思春期の特徴を大人になっても保持し続けることの価値が増すのだ。

人生１００年時代で若々しさが強まる要因は、もう一つある。

エイジとステージが切り離されれば、さまざまな年齢層が混ざり合う機会が飛躍的に増える。エイジとステージが一致していた時代には、同じ世代の人たちはたいてい同じ経験をし、同じ行動パターンに従っていた。特に、三つのステージが強く確立されるにつれて、人々が年齢ごとに隔離される傾向が強まった。この隔離がエイジとステージの結びつきを強化し、学校と職場と引退生活の仕組みが隔離にいっそう拍車をかけてきた。

その結果、高齢者に対する敬意が失われ、高齢者が担える教育者としての役割が軽んじられる。若者がコミュニティに加わらなくなる。

こうした点を考えると、人生のマルチステージ化がもたらす刺激的な影響の一つは、**年齢で人々を隔離する仕組みが緩やかになること**だ。**さまざまな世代が一緒に活動し、混ざ**

り合いやすくなれば、年齢に関する固定観念が消えていく。誰もが**若者の柔軟性と好奇心、そして高齢者の知識と洞察力の両方を得られるようになる。**

遊びと即興

人間がロボットや人工知能と違うのは、**イノベーション精神や創造性があり、遊んだり、即興で行動したりできる**ことだ。ところが、本格的に仕事をする過酷な日々には、遊びはほとんど行われない。新しい人生のステージが普通になり、融通の利かない仕事の環境から解放されれば、遊びと即興に道が開ける。フルタイムの仕事、休みのない労働という足かせから解き放たれて、精神を自由に羽ばたかせるのだ。

翔太と葵は、生涯の一部の期間を自由気ままに過ごす。あらゆる組み合わせを試し、行動することの楽しさに浸る。最も遊び心を発揮できているときは、その行動を取る理由はどうでもよくなる。どのような効果や恩恵がすぐに得られるのかも関係ない。旅をしたり遊んだりするとき、翔太と葵は自分の本当の思いに気づき、直感が語る言葉に耳を傾ける余裕が生まれる。その言葉に従うことで、本当の自分を発見できる。

未知の活動に乗り出す姿勢

新たに出現する人生のステージは、**未知の活動に乗り出し、経験から学習する機会を生み出してくれる**。人間は基本的に行動を通じて学習する生き物だ。新しいステージは、実際に行動し、その行動について自己分析する絶好の機会になる。

以下に紹介する三つの新しいステージは、私たちが未知の行動に踏み出し、経験から学ぶ機会をふんだんに提供してくれる。古い習慣や行動パターンを問い直し、固定観念に疑問を投げかけ、人生のさまざまな要素を統合できる生き方を実験する機会になる。

エクスプローラー

エクスプローラー（探険者）のステージと聞いて思い浮かぶのは、興奮、好奇心、冒険、探査、不安といった要素だ。一カ所に腰を落ち着けるのではなく、身軽に、そして敏捷に動き続ける。身軽でいるために、お金や物の所有は必要最小限に抑える。

このステージは発見の日々だ。旅をすることにより世界や自分について新しい発見をする。たとえば、一部の国では高校卒業後、大学入学を1年間遅らせて長期の旅行やボランティア活動などをすることが人生のステージとして定着している。これもエクスプローラー的な行動と言えるだろう。

なお、ここでのエクスプローラーとは、この種の行動をもっと極端に推し進める人のことを指している。あらかじめ期間が限定されるのではなく、もっと長期間続く人生の一つのステージだ。**エクスプローラーは、周囲の世界を探査し、そこに何があり、その世界がどのように動いているか、そして自分が何を好み、何が得意かを発見していく。**

このステージは、自分を日常の生活から切り離すことから始まる。

たとえば、新しい町に移ってその土地の人たちと知り合ったり、知らない国を旅して自分の生き方について考えたりする。観光客のように旅先の町をただ見物するのではなく、旅先の人々と何らかの関わりをもつのだ。翔太と葵は、ラテンアメリカの屋台商たちと関わり、ビジネスの仕組みを積極的に学ぼうとした。

何を目指すかは、人によって異なっていい。

探険者は、特定の問いの答えを見つけるために旅に乗り出す。目的地がわかっていて、そこに向けて旅に出るのだ。**「私にとって何が重要なのか？」「私が大切にするものは何か？」「私はどういう人間なのか？」**――このタイプの人たちの旅は、こうした問いに答えることを目的にしている。

一方、別の探険者は、特定の問いをもたず、発見の喜びを味わうためだけで旅をする。冒険を通じて得たストーリー――何を見て、誰と出会い、何を学ぶか――を、未来の人生のナビゲーターにするのだ。このような体験は、人間を人間でいさせる要素と言っていい。

エクスプローラーのステージが最もうまく機能するのは、**多様なものに触れ、真の実験が行われるときだ。彼らは自分という存在の境界を押し広げ、固定観念から脱却し、ほかの人たちの行動をじっくり観察する。**これまで縁のなかった街や人と関わり、彼らの苦痛や苦悩、高揚や喜びを体感する。

これらは本やウェブサイトを読むだけでは得られない、**感情レベルの経験**だ。そして大事なことは、**その経験について自問しなければ、世界に対する見方や自分自身を変えることはできない**、ということだ。目の前の事象に問いを発し、注意深く観察し、熱心に耳を傾けよう。そうやって掘り下げて自問を続けることで、はじめて、自らの価値観を問い直し、自分のアイデンティティと役割をじっくり考えることができる。

何歳でもエクスプローラーになれる

エクスプローラーとして生きるのに年齢は関係ない。だが、とりわけ適した時期が三つある。18～30代前半、40代半ば、そして70～80代だ。これらの時期は人生の転機になりやすく、エクスプローラーのステージを経験することで明確な成果を得やすい。

エクスプローラーのステージを生きる時期として最もイメージしやすいのは、学校教育を終えてから30代前半までの期間だ。

たとえば翔太と葵が就職をせず、大学卒業後は探険者になり、自分がどういう人間で、何を好み、何が得意なのかを見いだしていくといった具合だ。

ここでは自分の内面を探すというより、外的な刺激を通じて発見を行う時期になる。試練を与えられたり、思考を揺さぶられたり、怒りをかき立てられたり、ときには喜びを感じさせられたりする環境で、自分について学ぶのだ。

選択肢を理解し、相性のいいものを選ぶ

学校教育を終えてそのまま社会人になった人は、早い段階で専門分野を決めたことで、袋小路に追いやられる危険性がついて回る。

何かを選択したあと、労働市場が大きく変わるかもしれない。自分の実際のスキルと願望とが合致しない恐れがある。

しかし武夫の場合は、それでも問題なかった。人生で経験する移行の回数が少なく、勤

労期間も40年にとどまり、多くの選択肢に直面することがなかったからだ。

一方、長寿という贈り物を手にする世代は、選択肢が多く、多様な人生を送る。多くの人生の選択を経験する。正しい道を的確に選び取るために多くの時間を費やす必要がある。具体的には、次の要素について、時間をかけて検討し、実行することが必要になる。

・未来を見据えて、自分の関心と情熱に沿った教育を受けること。
・自分の価値観（大切に思うこと）に適合し、やり甲斐を感じられ、自分のスキルと関心を反映していて、しかも袋小路にはまり込まない仕事を見つけること。
・自分の価値観を尊重してくれ、スキルと知識を伸ばせる就職先を探すこと。
・長く一緒に過ごせる相性のいいパートナーを見つけること。
・自分のスキルおよび働き方との相性がよく、できれば自分を補完してくれるビジネスパートナーと出会うこと。

私たちが行う選択は、良い結果を生むこともあれば、悪い結果を生むこともある。人生が長くなると、悪い選択や判断ミスの弊害が尾を引く。これから人生１００年時代を生きなければならない翔太や葵が選択肢の探索に多くの時間を割こうとするのは、当然のこと

エクスプローラーは自分を発見する探索者

だ。

長寿化時代には、ライフスタイルにせよ、キャリアにせよ、結婚相手にせよ、自分に最もふさわしいものや相手を見つけることがとりわけ大きな意味をもつ。

翔太と葵の世代がそれまでの世代と明らかに違うのは、選択肢をよく分析し、自分に適したものを選び、自分のアイデンティティを築いていくことだ。おそらくこの世代は、１００年生きることを明確に意識し、それを前提に人生を計画する最初の世代になるだろう。

まとめ

- エクスプローラーは自分を日常の生活と行動から切り離すことから

始まる。この活動が最もうまく機能するのは、多様なものに触れ、真の実験が行われるときだ。経験について自問を重ねれば世界に対する見方や自分自身を変えることができる。

- 長寿化時代には、ライフスタイルにせよ、キャリアにせよ、結婚相手にせよ、自分に最も合ったものを見つけることがとりわけ大きな意味をもつ。そのために時間をたっぷりかけることが重要だ。

インディペンデント・プロデューサー

インディペンデント・プロデューサーとは、ひとことで言えば、企業を立ち上げる起業家ではなく、自分の職を生み出す人だ。

起業家は過去の時代にもいた。しかし、本書では「起業家」ではなく、あえて「インディペンデント・プロデューサー」、すなわち「独立生産者」という言葉を使う。これは、ビジネスの規模と本人の野心のスケールが、起業家よりもずっと小さいことを正しく表現するためだ。

インディペンデント・プロデューサーは基本的に、永続的な企業をつくろうと思っていない。事業を成長させて売却することを目的にしていない。目の前にある一時的なビジネス体験を目指している。

このステージを生きる人は、成功よりも、**ビジネスの活動自体を目的にしている**。事業の売却ではなく、事業を始めることが目的なのだ。そこでは、若々しさに関する議論で触れた遊びと経験を満喫できるからだ。

彼らは旧来とは異なる新しいタイプの起業家になり、企業と新しいタイプのパートナー関係を結ぶことで経済活動に携わる。彼らにとっては**企業を築きお金を蓄えることより、組織に雇われずに独立した立場で生産的な活動に携わることの方が大きな意味をもつ**。

活動の中身は何でもいい。製品をつくることでも、サービスを提供することでもいい。アイデアを形にすることでもいい。素早く実験を重ねて、何が有効で、何がうまくいかないかを学んでいく。試行錯誤しながら未来を探索するのだ。

生産活動を通じて学習する

このステージで特に重要なのが、安心して失敗できる点だ。背負っているものが比較的少ないから、失敗しても深刻な結果にならずに済む。また起業家的な性格をもつステージなので、実践を通じて有益なことがたくさん学べる。

たとえば、どうやって事業資金を調達すべきか。どうやって必要な資源を入手すればいいか。アイデアをビジネスに変えるための支援を得たり、助言を受けたりするのに必要な人的ネットワークをどうやって築けばいいか。

これらのスキルや知識はすべて、きわめて価値のある無形の資産だ。このステージで身につくスキルや知識はたいてい、地に足がついていて、実用的で、汎用性が高い。つまり、さまざまな産業で使えて、未来の仕事でも役に立つ。

インディペンデント・プロデューサーは、エクスプローラーのステージと同様、人生のどの段階にいる人でも実践できる。特定の年齢層に限定されるわけではない。

現在の18〜30歳の層には、すでにインディペンデント・プロデューサーが人生の一つの選択肢になり始めている。興味深いのは、それを実践する若者の大半が近くに寄り集まり、お互いから学ぼうとしていることだ。

年長世代の起業家たちは油断なく知的財産権を守ろうとしてきたが、新しい世代のインディペンデント・プロデューサーたちは知的財産を公開し、ほかの人たちとシェア（共有）することを重んじる。まねされてコピーされることは、高く評価されている証しだ。コピーされることにより、評価が高まるのだ。模倣と複製は、アイデア、製品、企業といった概念も曖昧にする。創造性の集積地に集まる人たちがもっているのは、「みんな参加」の精神だ。この精神は、高い価値を生み出せる協働型の人的ネットワークの本質と言っていい。そのようなネットワークの中心に身を置き、**充実した人脈をもっていたり、新しいアイデアの生みの親とみなされていたりすることは、きわめて大きな無形の資産だ**。その人の評判を高め、ひいてはのちに金銭的な恩恵をもたらす可能性もある。

評判を確立し、上手にそれを見せる

インディペンデント・プロデューサーの主たる関心事は、**ものごとを生み出すこと**だ。**問題を解決できる行動指向の人物という評判を確立すること**だ。この時期に獲得する評判は、将来のステージで貴重な無形の資産になる。手がけた仕事をまとめたウェブサイト、自分の活動に関するツイッターの投稿、制作したユーチューブのチャンネルなどはすべて、アイデアと能力を宣伝する手段だ。

高い能力を築き、上手にそれを見せ、宣伝することは、インディペンデント・プロデューサーにとって不可欠だ。実際の経験のなかで同業者や指導者から学ぶことは多いが、正式な教育の場で学ぶスキルもある。重要なのは、未来の雇用主や知人に対して、自分のスキルと知識をどのようにアピールできるかだ。ソーシャルメディアを通してビジネス上の活動の足跡が見えるようになりつつあるが、もっと正式な形で資質をPRすることも試みられるだろう。

教育機関は、新しい分野のスキルを測定・認定する仕組みを確立しはじめている。イン

インディペンデント・プロデューサーは自分の職を生み出す

ディペンデント・プロデューサーたちは、実務を通じてスキルを身につけるだけでなく、なんらかの講座やMOOCs（大規模公開オンライン講座）を受講し、試験を受けて認定証を得ようとする。

　これらは、大企業に評価してもらえる評判を獲得するためにも重要な意味をもつ。

まとめ

- インディペンデント・プロデューサーは、ビジネスの成功よりも、ビジネスの活動自体を目的にする。事業の売却ではなく、事業を始めることが目的だ。
- インディペンデント・プロデューサーで特に重要なのが、安心して失敗できる点だ。背負っているものが比較的少ないから、失敗しても深刻な結果にならずに済む。実践を通じて有益なことをたくさん学べる。

身軽に旅ができる

エクスプローラーとインディペンデント・プロデューサーのステージでは、**無形の資産、特に変身資産への投資が中心になる**。そのため、お金の面では決して楽とはいえない。その点で興味深いのは、目覚ましく発展しつつあるシェアリング（共有）・エコノミーのテクノロジーだ。シェアリング・エコノミーは、人々が多くの資産をもたずに身軽に生きる道を開くと同時に、収入を得る手段も生み出してくれる。

こうした新しい経済の下では、金銭面での決断を先送りできるだけでなく、そのような決断が求められる機会そのものも減らすことができる。マイホームやマイカーを買おうと思えば、金銭面での負担が大きい。購入資金を融資で調達するためには、安定的に給料を受け取っている証明が必要だ。その証明を用意できなければ、即金で買うほかない。多くの選択肢を将来に残しておくことを重視する人にとって、これは避けたい状況だ。

それに、購入した資産の稼働率の問題も無視できない。自動車を買ったからといって、それをつねに利用するわけではない。使っていない時間は、購入に費やした金を――そう、新しいビジネスを始めるために使えたかもしれないお金を――遊ばせることになる。マイホームを買っても、エクスプローラーのステージを生きるために旅に出れば、その間、お金は有効に活用されているとはいえない。

シェアリング・エコノミーの恩恵は、特定の職や金銭面の責任に自分を縛りつけずに資産を利用できることだ。あるいは、購入したものを他人に使わせて収入を得ることにより稼働率の低下の問題を解決することだ。

ポートフォリオ・ワーカー

人生には、一種類の活動に専念する時期がある。高給を受け取れる企業の職に就いたり、自分のビジネスを立ち上げたり、エクスプローラーとしてさまざまな可能性を探索したり、フルタイムの学生に戻ったりする時期がそうだ。

一つのことに集中できる喜びや楽しみがある一方で、さまざまな活動に同時並行で取り組みたい時期もある。そのように、異なる種類の活動を同時に行うのがポートフォリオ・ワーカーのステージだ。

さまざまな可能性を探索し、実験するために、このような生き方を積極的に選択する人がいれば、やり甲斐のある仕事に就くことが難しいために、不本意ながらそれを選ぶ人もいる。

理屈の上ではポートフォリオ・ワーカーのステージもまた年齢を問わないが、とりわけこのステージに魅力を感じるのは、すでに人生の土台を築いた人たちだろう。

企業の幹部たちに人生１００年時代について説明し、みずからの未来を思い描くよう求

ポートフォリオ・ワーカーは多様な活動を同時並行する

めると、人生の長期戦略としてポートフォリオ型の生き方を挙げる人が多い。所得の獲得を主たる目的とする活動、地域コミュニティとの関わりを主たる目的とする活動、親戚の力になるための活動、趣味を極めるための活動など……。

　こうしたさまざまな活動のバランスを主体的に取りながら生きようとするのが、ポートフォリオ・ワーカーだ。スキルと人的ネットワークの土台が確立できている人にとって、有効な選択肢になる。

　その場合、核となるのは、有給の仕事だ。過去にやってきたことと関わりのある仕事に、たとえば週に1日か2日携わる。自分のスキルや経験を生かせるような職に就けばいい。

とはいえ、従来型のキャリアで過酷な勤労人生を送ってきた人は、仕事以外で何か充実感を得たいと考えるかもしれない。趣味やスポーツで楽しく過ごしたり、社会に貢献したり、友人と過ごす時間を増やしたりしたい。

そこで、次の三つの側面のバランスが取れたポートフォリオを築くことが必要だ。

・支出をまかない、貯蓄を増やすこと
・過去の経歴と繋がりがあり、評判とスキルと知的刺激を維持できるパートタイムの役割を担うこと
・新しいことを学び、やり甲斐を感じられるような役割を新たに担うこと

この人生のステージでは、必然的にいくつもの動機に突き動かされて生きる。金銭的資産を増やすことが動機の一つになるし、人生のさまざまな可能性を探索すること、活力と刺激を得ること、学習すること、そして社会に貢献することも動機になる。

過去の経験を生かす

ポートフォリオ型の人生は、ときに目を見張るほどの刺激をもたらす。長く生きていると、どうしても過去の繰り返しになり、退屈しかねない。そこで、多様な活動に携われるポートフォリオ・ワーカーがいっそう魅力的に見えてくる。

ただし注意しなければならないのは、このステージに移行するのが難しいという点だ。長く3ステージ型の人生を生きてきた人は、一定の行動パターンが染みついてしまっている。

ポートフォリオ・ワーカーへの移行を成し遂げるためには、必要に応じていわばギアを入れ替えることができ、履歴書に記入できる役職を増やすことより、仕事の能力をはぐくむことを目指して生きる必要がある。要するに、頭の働かせ方と仕事の仕方を状況ごとに柔軟に切り替える能力をもたなくてはならない。

このステージへの移行を成功させる秘訣は、柔軟性をもつことだ。そして早い段階で準備に取りかかり、フルタイムの職に就いているうちに、小規模なプロジェクトを通じて実験を始めることがカギになる。

興味をもてそうなプロジェクトを試しに実行し、自分がなりたいポートフォリオ・ワーカーのロールモデルを見つけ、社内中心の人的ネットワークを社外の多様なネットワークに切り変えていく。この過程で変身資産をはぐくむことが重要だ。

さまざまな分野の人たちと交わり、広い領域でアピールできるスキルと業績を築くことは、ポートフォリオ・ワーカーへの準備として不可欠だ。

もう一つ注意しなければならないのは、このステージでは非効率性から逃れられないことだ。さまざまな活動に同時並行で携わる人は、刺激と興奮を味わえる半面、その代償として「規模の経済」の恩恵に浴せない。

週のうち数日は有給の職に就き、１日は地域コミュニティの活動に従事し、１日は趣味に打ち込み、１日は慈善団体の理事会に出席する。こうした毎日は、ある活動から別の活動に移るたびに大きな切り替えコストが発生する。その都度、思考様式と活動する場所を変えなくてはならない。

こうした切り替えコストは、このステージについて回る大きな問題だ。それぞれの活動に共通する能力や知識をもたせて相乗効果を生みだすか、時間を細切れにせず１日単位で分けるなどの工夫が必要になるだろう。ポートフォリオを構成する活動の間の調和が取れていない場合は、困難がともなう。

「ヤフーズ」たちの台頭

本章で論じてきた新しいステージは、すべて年齢を問わないが、それらを本格的に受け入れているのは、いまのところ18～30歳の世代だ。これは意外なことではない。長寿化に適応する必要性が最も高く、適応に必要な柔軟性を最も備えている世代だからだ。翔太と葵の世代が、実験を通じて新しいステージを人生に取り入れる先頭に立つ。インターネットを介して単発の仕事を受注する仕組み（ギグ・エコノミー）を活用するケースが多くなりそうだ。

翔太と葵たちは、それ以前のどの世代よりも選択肢の重要性を知っている。選択肢の探索・創造に多くの努力を払う。長く人生を生き、大きな不確実性に直面する世代にとって、選択肢をもっておくことは、計り知れない価値をもつからだ。

若い世代のこのような行動は、消極的な要因によっても突き動かされてきた。いま多くの先進国で、若者たちは年長世代に裏切られたと感じている。大学の学費ローンはそれまでの世代より重く、労働市場でも職を見つけることが難しくなる一方だ。都市の住宅価格も、手が届かないところまで上昇している。その結果、多くの若者はあまり資産をもてず、生計を立てるために工夫を凝らす必要性に迫られている。

人生が長くなれば、増えた時間の一部を大人への準備に多く振り向けることができて有利になる。思春期の後の人たち（ティーンエージャーの後）に適した新しい人生のステージが出現するのは、そのためだ。

ティーンエージャーは、実験を行い、経験と通過儀礼を重ねることにより価値観を築いていくが、経済面では主として消費の期間になる。親から与えられる金や細々としたアルバイト収入をもとに消費を行うティーンエージャーは、インディペンデント・プロデューサーならぬ「インディペンデント・コンシューマー（独立消費者）」だ。彼らは余暇時間の過ごし方と所有する物を通じて、みずからのアイデンティティを確立する。それに対し、18～30歳の場合、経済的活動の中心は、**生産活動を行うことと、学校教育以外の場で仕事のスキルと知識を学ぶことに移る**。そのため、エクスプローラー、インディペンデント・プロデューサーのステージに魅力を感じるのだ。

20世紀に思春期の若者の間で広がっていった行動パターンを表現する言葉を見いだすまでに、社会はしばらく時間を要した。最終的に定着したのが「ティーンエージャー」という言葉だった。いま、社会は18〜30歳の層を表現するための新しい言葉を見つける必要がある。著者たちは（ジョナサン・スウィフトの『ガリヴァー旅行記』に登場する生物ヤフーと同じ呼称を使わせてもらって）「ＹＡＨＯＯＳ（ヤフーズ）」という言葉を提案したい。「選択肢を維持するヤングアダルトたち（＝Young Adults Holding OptiOnS）」の略だ。

移行期間をどう過ごすか

3ステージの人生では、移行は2回だけだった。教育から仕事への移行と、仕事から引退への移行だ。マルチステージの人生では、その回数がもっと増える。それにともない、変身に役立つ無形の資産の重要性が非常に大きくなるが、そうしたスキルの乏しい人がほとんどだ。

移行期間を前後のステージとはっきり区別することは難しい。準備のために特別な活動を行えば、移行期間であることがはっきりするケースもある。その活動とはたいてい、無形の資産への投資だ。エネルギーを再充填して活力資産を増やしたり、自分を再創造（リ・クリエーション）して生産性資産に磨きをかけたりする。

移行は一足飛びに完了するのではなく、一歩ずつ前進する。移行のプロセスはズレを感じることから始まる。将来の自己像が現状の姿より魅力的に見えはじめることが出発点になる。そのギャップを認識することで行動の背中が押される。こうして探索が開始され、さまざまなアイデアが試され、学習のサイクルが実現する。このとき、多様性のある人的ネットワークをもっていれば、移行のチャンスに気づきやすい。

エネルギーの再充填と自己の再創造

移行期間には、大きく分けて二つのタイプがある。いずれも、無形の資産に大きな投資を行う。翔太と葵の未来のシナリオには、この両方が組み込まれている。

一つは、エネルギーを再充填したいという単純な動機に基づく移行期間だ。金銭的資産を蓄えるために過酷な長時間労働を長く続けていると、活力など無形の資産が底を突く。健康状態が悪化し、家族や友人との関係が弱まり、知的好奇心が衰えかねない。人生の次のステージに進む前に、まとまった時間を取ってこれらの無形の資産に投資したいと感じる人は多いだろう。

このようなエネルギー再充填型の移行期間は、魅力的ではあるが、効果は長続きしない。移行期間が明けたとき、活力資産は高まっていても、スキルや知識、人的ネットワークなどの生産性資産は減退している可能性がある。エネルギーの再充填を行う間、これらの資産を使っていないからだ。そのため、再充填が終わると、前と同じ業界に戻り、同じような役割を担うことになりやすい。

もう一つのタイプの移行期間は、自己の再創造（リ・クリエーション）を中心とするものだ。枯渇した活力資産への投資よりも、新しいスキルや知識、新しい人的ネットワーク、新しい視点などの生産性資産へ投資を積極的に行う。たとえば、大学などの講座で学んだり、パートタイムで何らかの仕事をしたりする。住む場所やライフスタイルを大きく変えるケースもある。こうした再創造型の移行期間は、次のステージに向けて人的ネットワークとスキルを転換するために重要な役割を果たす。

移行期間のお金をどうまかなうか

移行期間には、重要な無形の資産（活力資産と生産性資産）への投資が行われるが、金銭的資産が減ることは避けられない。それを前もって計算に入れて準備しておく必要がある。翔太と葵の人生のシナリオでは、二つの方法でこの問題に対処した。一つは、みずからが引退後の生活資金だけでなく、移行期間に必要なお金を確保するために貯蓄をすること。もう一つは、パートナーにも働いてもらってお金を貯めることだ。夫婦二人が職をもっていれば、移行の時期をうまく調整できる。片方が無形の資産の構築に力を注いでいる間、もう片方が金銭面で一家に貢献すればいいからだ。

社会で新しい実験が広がるにつれて、新しいステージ（エクスプローラー、インディペンデント・プロデューサー、ポートフォリオ・ワーカー）と移行期間（エネルギー再充填型と自己再創造型）に乗り出そうとする人は増え続けるだろう。過去に「ティーンエージャー」と「引退者」のステージがそうだったように、やがてこれらの新しいステージや移行期間は、特殊なものではなく、ごく普通の生き方になる。

まとめ

- 一つのことに集中できる喜びや楽しみがある一方で、さまざまな活動に同時並行で取り組みたい時期もある。異なる種類の活動を同時に行うのがポートフォリオ・ワーカーだ。
- さまざまな分野の人たちと交わり、広い領域でアピールできるスキルと業績を築くことが、ポートフォリオ・ワーカーへの準備だ。

問い

- あなたの人生にとって、人生のステージが多様化することのプラス、マイナスはそれぞれ何ですか。
- 「エクスプローラー」「インディペンデント・プロデューサー」「ポートフォリオ・ワー

カー」になるとしたとき、いまのあなたにはどんな準備が必要だと思いますか。

答え

第8章

これからの自分の時間の使い方

労働時間を減らし、休暇を増やす

　長寿化により勤労人生が長くなる。そうした未来について考えるとき、多くの人は、1日8時間働いて週2日休む日々をイメージしているかもしれない。しかし、そうした時間配分を見直すべき時期に来ている。今後は余暇時間がさらに増え、労働時間はさらに減る可能性が高い。

　1週間をどのように構成するかは時代とともに変わってきた。今後、労働時間が減り続ければ、1週間の仕事時間の配分方法も変わる可能性が高い。労働時間を減らす場合、現状で1日の労働時間が7時間だとして、その時間をもっと短くするのは好ましくないかもしれない。1日に何時間働こうと、通勤時間、朝の支度の時間、帰宅後に仕事モードから家庭モードに切り替えるための時間は、同じだけかかる。この点を考えると、1日の労働時間を減らすより、休日を増やし、勤務日の労働時間を長くするほうが賢明だろう。

　本書のテーマとの関係で重要なのは、人生100年時代に合わせて時間の配分を変えることは可能なのかという点だ。それが可能だと主張する論者がいる。たとえばメキシコの実業家で大富豪のカルロス・スリムは、週休3日、1日11時間労働への移行を提唱している。余暇時間の多くを引退後に取っておくのではなく、人生全体に分散させ、代わりに75歳まで働くようにすべきだと主張する。

　時間の再配分を突き動かす要因となるジレンマは、翔太と葵の人生のシナリオにはっきり見て取れる。翔太と葵の世代には、3・0シナリオも3・5シナリオもそのままでは機能しない。これまでの標準的な働き方どおりに、翔太と葵が年2~5週間程度の休暇を挟みつつ、朝9時から夕方5時まで週5日働いて、80歳まで仕事を続けるとすれば、生産性資産と活力資産を維持することは不可能だろう。これでは、スキルを習得し直し、活力を取り戻すために使える自由な時間が足りない。そこで、本書では、4・0シナリオと5・0シナリオを示し、エクスプローラーのステージとインディペンデント・プロデューサーのステージを導入したのである。

個人と企業の衝突

もし翔太と葵が勤労人生の多くを会社員として生きたいと考える場合は、どうなるのか。３・０シナリオと３・５シナリオを機能させるためには、１週間に働く日数を５日より少なくし、キャリアが中断される長い期間を挟まなくてはならない。スキルを習得し直し、活力を取り戻す時間が必要だからだ。余暇時間の増加という歴史的潮流が続き、１週間の時間の配分が大きく変われば、翔太と葵が選べる人生のシナリオは増える。３ステージ型のキャリアを実践しつつ、１週間の労働時間を減らし、休暇を増やすことが可能になる。

つまり、本書で描いた翔太と葵の人生のシナリオはすべて、仕事と時間に関して、**現在ほとんどの企業で実践されているよりもさらに柔軟な考え方を土台にしてはじめて成り立つものだ。**スキルを新しく習得し、活力を取り戻す時間を勤労人生に取り入れる動きが活発化するにともない、**社会で多くの実験が行われるだろう。**その過程で、企業の時間に対する姿勢への逆風が強まっていく。

キャリアを中断する人（多くの場合は幼い子どもがいる母親）は、そうでない人より生涯所得が大幅に少ない。自分の裁量で時間を使えるようにするために自宅で仕事をしたり、柔軟なスケジュールで働いたりする人も、昇進の確率が低い。現状では、高出世・高所得のキャリアを目指す人には、仕事をしない期間を設けたり、柔軟な働き方をしたりすることは得策でない。一斉行進から脱落すれば、踏み殺されかねない。

しかし、柔軟な働き方を求める個人のニーズが高まれば、全員を同じスケジュールで長時間働かせたい企業のニーズとの間で激しい衝突が起きる。**企業の発想と労務管理は大きな変化を迫られる可能性がある**。その変化がどのようなもので、どの程度の速さで進むかを正確に予測することは不可能だ。

それでも、既存の働き方への圧力が強まる結果、時間の配分に関する多様性が増すこと、高スキルの職に就く人たちに特有の時間の配分の仕方が生まれること、そして、**余暇時間がレクリエーション（娯楽）から自己のリ・クリエーション（再創造）の時間へ変わっていく**ことは間違いない。

まとめ

● 人生100年時代で柔軟な働き方を求める個人のニーズが高まれば、全員を同じスケジュールで長時間働かせたい企業のニーズとの間で激しい衝突が起きる。

- その結果、時間の配分に関する多様性が増し、高スキルの職に就く人たちに特有の時間の配分の仕方が生まれ、余暇時間がレクリエーション（娯楽）から自己のリ・クリエーション（再創造）の時間へと変わっていく。

時間の構成に関する多様性が増す

3ステージの人生に代わり、マルチステージの人生が当たり前になれば、**人生で経験するステージの多様性が増す**。時間の配分に関するニーズも多様化する。金銭的資産の蓄積に重きを置くステージでは、私たちはおそらく今後も長時間働くことになる。その一方で、家庭との時間やみずからの教育のために、労働時間を減らし、余暇時間を増やす時期もある。

最初のうちは、柔軟な働き方を求める個人の欲求と、画一的な勤務体制を望む企業の欲求が激しくぶつかり合う。それでも、最終的には折り合いがつくだろう。企業が一人ひとりの働き手に、異なるスケジュールと職務内容を認めるようになる可能性が高い。

１週間の働き方には、いろいろなパターンが考えられる。週休３日制を導入してもいい。１日の労働時間を短くしたり、夜の労働時間を長く取ったりする。週休３日にするためには労働時間を大幅に減らさなくてはならない。すぐには実現しないだろう。それなら、かつて土曜が半休だったように金曜を半休にするのはどうだろう。

すでに一部の企業は、１週間の労働時間の柔軟性と多様性の拡大を目指して実験を始めている。さまざまな新しい提案もなされている。

もっとも、実験に乗り出している企業ばかりではない。柔軟性と多様性の拡大に抵抗する企業も多いはずだ。そこで、自由に使える時間を柔軟に確保するために、組織に雇われずに働いたり、柔軟性が認められやすい小規模な会社で働いたりする人も出てくる。同じ理由で、インディペンデント・プロデューサーという選択肢に魅力を感じる時期もあるだろう。

高スキルの職には5・0シナリオが理にかなう

労働時間の配分に柔軟性が出てくれば、３ステージの人生が機能しやすくなる。柔軟性は、新しく出現しつつある人生のステージのいくつかを後押しする要素になる。しかし、高スキルの職に就いたり、リーダーを務めたりすることを通じて、有形の資産を本格的に築きたい人たちの場合はどうか。

おそらく、それは機能しないだろう。

まず、**高スキルの職や高位のリーダー職は、つねに長時間の過酷な労働が要求される。**それは今後も変わらない。そして、そのような過酷な働き方を長く続ければ、程度の差こそあれ、燃え尽きてしまう。60年以上続く長い第二ステージは生き抜けない。このタイプの人たちには、３ステージの生き方は通用しない。健康な人生１００年時代を生きられるように家族や活力に投資するためには、週末を長くする程度ではなく、自由に使える時間をもっとまとまって確保する必要がある。

それに、高スキルの職に就き続けたければ、スキルとテクノロジーへの投資を継続しなくてはならない。多くの職種が急速に時代遅れになる時代に、細切れの時間に知識を補充するだけでは不十分だ。スキルを再習得し、新しい知識を獲得するためには、週に１日ではなく、もっと**集中的に取り組むまとまった移行期間が必要**だ。

ある種の職種の人は週末を長くしたり、休日の日数を増やしたりするだけで効果があるかもしれないが、**高スキルの職に就く人は５・０シナリオを実践するほうが理にかなっている**。翔太と葵の５・０シナリオでは、企業で過酷な仕事に従事する二つの期間の前後に移行期間が設けられている。この時期に**無形の資産の蓄積に専念**するのだ。

このように教育・所得レベルの高い人たちは、労働市場での立場が強く、多くの選択肢をもつことができるかもしれない。

しかし、誰もが恵まれているわけではない。

高度なスキルをもたず、選択肢が少ない人の場合は、労働時間を大幅に減らした３・０シナリオが基本形になる。あるいは、政府がいわば移行手当制度を設けて移行期間を支援し、スキルの乏しい人が無形の資産に投資しやすくしてもいいだろう。これまで、政府の政策を通じて有給休暇や育児休暇の日数が増えてきた。近年は母親だけでなく、父親も育児休暇を取得するようになっている。同じように政府の移行手当制度により、裕福な人以外もキャリアの途中で変身を遂げ、人生１００年時代に対応できるようになるかもしれない。

まとめ

- マルチステージの人生が当たり前になれば、企業が一人ひとりの働き手に、異なるスケジュールと職務内容を認めるようになる可能性が高い。
- 高スキルの職に就こうと思っている人は、３ステージ的な生き方を基本に週末を長くし、休日の日数を増やすより、５・０シナリオを実践するほうが人生１００年時代を幸せに生きることができる可能性が高い。

新しい余暇の過ごし方

時間の配分だけでなく、時間の使い方、特に余暇時間の使い方も変わる。人生１００年時代では、家族と友人、スキルと知識、健康と活力など無形の資産を充実させることの重要性が高まり、そのための投資が必要になる。家族や友人と過ごす時間、教育とスキルの再習得にかける時間、運動をして体を鍛える時間に投資しなくてはならない。長い人生を生きるには、これらの資産、とりわけ教育への投資が不可欠だ。

週休3日制が導入されれば、無形の資産に投資する時間やゆとりは増える。しかし、それだけで足りるのか。人生１００年時代に必要とされるだけの投資ができるのか。長寿化の時代には、**余暇時間に対する考え方が根本から変わる**。

余暇時間の位置づけと使い方を含めて、時間に関する今日の考え方の多くは、産業革命期に形成された。農業労働では突発的な出来事が多く、ペースがゆっくりしているのが特徴だが、そうした時間の概念のままでは、工場労働に対応できなかった。それに加えて、機械時計の精度が向上し、価格が下がったことに後押しされて、この時期に勤務時間の時間割が明確に定められるようになった。

工場労働が労働時間の画一化を生み、仕事と家庭の分離をもたらした。余暇時間もはっきり決められた。それまでは農閑期が余暇の期間だったが、産業革命以降はまとまった余暇時間がいくつか生まれた。子ども時代と引退期間、夜と週末、年末年始休暇と夏休みといった具合である。

レクリエーションとリ・クリエーション

　まとまった余暇時間を獲得した人々は、それをどのように使ったのか。１週間当たりの労働時間の削減と週休２日制の導入を求めた労働運動は、長く過酷な仕事のあとで心身をリフレッシュするためにそうした時間が必要だと主張した。仕事と家庭が分離され、工場での児童労働も禁止されたため、家族が一緒に過ごす時間を確保したい欲求もあった。

　しかし、平均寿命が延び、無形の資産への投資が多く求められるようになれば、余暇時間の使い方も変わる。時間を消費するのではなく、無形の資産に時間を投資するケースが増えるだろう。レクリエーション（娯楽）ではなく、自己のリ・クリエーション（再創造）に時間を使うようになるのだ。

リ・クリエーションは個人単位で実践されることが多く、一人ひとりが自分なりにリ・クリエーションとレクリエーションを組み合わせて余暇時間を形づくるようになるだろう。過去１００年間は、商業化された娯楽の消費活動を中心とするレジャー産業が台頭したが、今後は、個人レベルでの自己改善への投資活動に力を入れるレジャー産業が発展するかもしれない。

ポスト工業化時代の「時間」

長寿化が進めば、それに合わせて時間の再構成が始まる。人生の新しいステージが出現するだけでなく、これまで論じたように、１日や１週間の構成も変わる。劇的な変化に思えるが、人類の歴史では、過去にも時間の構成が大きく変わったことがあった。産業革命期にも、私たちは大きな変化を経験した。実際、前述したように、時間に関する今日の社会慣習の多くはその時期に形づくられたものである。

誰もが同じスケジュールで長時間働くというのも、産業革命の産物だ。産業革命は、仕事と余暇、職場と家庭の間に明確に線を引いた。男女の役割が大きく変わり、子育てに関して教育機関が果たす役割も拡大した。そして、子どもが仕事の世界から排除され、企業が高齢者に引退を促すようになって、３ステージの人生が定着した。

この20年ほど、これらの慣習や制度の多くに異が唱えられ、その影響力が弱まり、人々の支持も縮小しはじめている。昔ながらの男女の役割、仕事と余暇の分離、画一的な労働時間は、ことごとく変革の圧力にさらされ、大きく変化してきた。こうした社会の潮流は、人生１００年時代の到来と、いま多くの人が直面しているテクノロジーの激変に対応するために、いっそう強まると思われる。**産業革命は、時間の構成を劇的に変えた。**これから訪れる**新しい時代は、それに輪をかけて大きな変化をもたらすだろう。**

まとめ

● 人生１００年時代になると、時間の使い方、特に余暇時間の使い方が変わる。家族と友人、スキルと知識、健康と活力などの無形の資産を充実させることの重要性が高まる。

●さらに現在私たちが直面するテクノロジーの激変と相まって、昔ながらの男女の役割、仕事と余暇の分離、画一的な労働時間は大きな変革を迫られるだろう。

問い

◎自らをリ・クリエーションするためにできることは、あなたにとってどのようなものですか。

◎人生をより充実させるための時間活用のためにいまからできることはどのようなものですか。

答え

第9章

未来の人間関係

私生活はこう変わる

寿命が長くなれば、人生のあらゆる局面が変わる。

夫婦やパートナー同士の関係はより長期になり、その間に多くの変化を経験する。破局を避けるために、これまで以上の柔軟性が必要になる。一方、家族の子どもの数は減るが、祖父母や曾祖父母の数は増える。そうした四世代家族では、高齢者が若者の思考を刺激し、メンター役を務め、若者が高齢者を支える機会をつくり出す。親が子育てを終えたあと、友だち付き合いを中心に据えた人生を送ることも可能になる。さまざまな世代の人と知り合い、アイデアと情熱を共有するようになり、交友関係の幅も広がる。

家庭生活の変容を土台に、仕事の世界も変わっていく。

家族の多くのメンバーが職をもち、70代、80代でも働き続ける人が増える。職に就く女性が増えれば、伝統的な家族のあり方が変わり、家族のメンバーが担う役割も大きく様変わりする。特に育児の責任をもっと果たそうとする父親が多くなる。マルチステージの人生を生きるために男性がより柔軟な働き方を求めれば、変化に拍車がかかる。

若い翔太と葵の世代ほど、長寿化の進行とマルチステージの生き方の一般化に適応していかなければならない。長い人生ではどの時点においても選択肢を残しておくことが重要だ。特に女性が結婚の時期を遅らせ始めていることは理にかなっている。

長寿化が家庭生活に及ぼす最も大きな影響は、**子育て期間が相対的に縮小すること**だ。子育てから解放される期間が長くなる。これは、現実になっている。１８８０年には全世帯の75%に子どもがいたが、２００５年の時点でその割合は41%まで下がっている。子育てとは無関係に時間を過ごすことは、昔に比べて当たり前になっている。その結果、男女の性別役割分担の意義が大幅に低下している。

性別役割分担の弱体化を突き動かしてきた要因は、ほかにもある。掃除機、冷蔵庫、洗濯機、食器洗い機、調理済み食品の普及により、女性は家事に専念する必要がなくなった。男女の賃金格差が次第に縮小していることも、性別役割分担を揺るがせている一因だ。

パートナー関係の変容

家庭での「男は仕事、女は家庭」という生産の補完性がかつてほど重要でなくなってきた半面で、それに代わり重要性が増しているものは何か。それは「親密さの変容」だ。パートナー同士の間に、言うなれば純粋な関係が生まれつつある。それは取引的性格をもつ旧来の夫婦関係とは異なり、その関係自体が双方に恩恵をもたらすからこそ維持される夫婦関係のことだ。そのような関係は惰性で継続されるものでもない。二人の間で絶えず検討や調整が繰り返されることで初めて維持されるものだ。

この種の関係では、相手と深く関わろうという意思が重要になる。双方が互いの信頼に足る行動をし、将来のさまざまな困難を乗り越えられる絆をもっていなくてはならない。

一方、経済的な面では、**旧来の「生産の補完性」に代わり「消費の補完性」の重要性が高まっている**。大きな家を買ったり、休暇を楽しんだり、生活に必要なものを調達したりする場合、二人が別々に消費行動をするより共にしたほうが安く済む。

それに、リスク分散の効果も見過ごせない。なんらかの理由で一方の所得が途絶えたと

二人の助け合いが良質なパートナー関係をつくる

き、経済的に支え合うことができる。二人が主な稼ぎ手の役割を交互に担うことで、相手がキャリアの途中で仕事を離れて将来の生産性資産を築くのを助けることができる。

そうしたパートナーがいれば、長い人生を通じて情緒面での支えになり、難しい決断をする際に意見と率直な批判を聞かせてくれる。そして、二人で助け合いながら、本当に大切なことに注意を払い、時間とエネルギーの割り振りを決め、健康な生活を送り、仕事、旅行、家計、地域コミュニティへの関わり方についても実りある選択を行える。

長く生産活動に携わる時代には、男女ともにお互いに対する見方と態度が変わることは避けて通れない。それゆえにこそ、良質なパートナー関係を機能させるために、相互の揺るぎない信頼感、長期にわたって相手と深く関わろうとする意思、そして数十年単位で二人の時間、エネルギー、資金をいかに納得のいく形で分配するかのスキルや能力がひときわ重要になる。

まとめ

- 長寿化が個人の家庭生活に及ぼす最も大きな影響は、子育て期間が相対的に縮小することだ。子育ての責任から解放される期間が長くなる。
- 良質なパートナー関係では、相互の信頼以外に、数十年単位で二人の時間、エネルギー、資金をいかに納得のいく形で分配するかのスキルや能力が重要になる。

子ども

これまで、長寿化時代には人生の選択肢が広がることに光を当ててきた。しかし、相変わらず融通が利かない点が一つある。それは、**女性の妊娠可能な年齢**だ。卵子凍結など生殖医療の急速な進歩により、妊娠できる年齢が延びることは間違いないが、何歳でも妊娠できるようにはおそらくならない。少なくとも当分の間、子どもをつくれる期間は年齢の制約を受け続ける。

この点がもつ意味は大きい。女性たちは比較的短い期間内に、子どもを産むか、いつ産むか、誰と子どもをつくるかを決めなくてはならない。しかも、人生が長くなれば、こうした選択が人生に及ぼす影響はいっそう大きくなる。

子づくりに関する選択が人生にどのような影響を及ぼすかを考えるために、翔太と葵がそれぞれのパートナーと子どもをつくる時期を変更して検討してみよう。第6章のシナリオでは、30代後半で子どもをつくると仮定していた。この時期を20代に早めると、どうなるだろうか。

その場合は、30代でキャリアを築くチャンスが広がる。しかし、二人がパートナーと20代で出会えた可能性は、どれくらいあるだろうか。それに、20代で子どもをつくった場合、エクスプローラーのステージを生きるチャンスが失われないか。このステージは、二人が人生の選択肢を見いだすための重要な日々になりうる。また、人生のそんなに早い段階で生涯のパートナーを選ぶことなどできるのだろうか。

第6章のシナリオでは、こうした点を考慮して、二人が30代後半に最初の子どもをつくるものとした。この選択の利点は、じっくり時間をかけて相性のいい仕事や人物を探せることだ。そして独り身の20代と30代の時期には、キャリアの確立に専念できる。一方、弊害は、30代後半になると、若いときに比べて妊娠しにくい場合があること、そして子どもが生まれれば比較的高齢で子育てをしなくてはならないことだ。

パートナーとの関係と子づくりには、これ以外にも多くのシナリオがある。どのようなシナリオを選ぶべきかは、どのようなパートナーを求めるかによって決まってくる。

たとえば、葵の場合は、伝統的な性別役割分担通りに主な稼ぎ手の役割を果たせる男性を見つけて、自分は子育てに時間を割いてもいい。夫婦の両方がキャリアを追求することを望む男性を探してもいい。家庭を顧みないパートナーとはさっさと別れて、両親や祖父母、ことによると曾祖父母の助けを借りて子どもを育てる道も選べる。若い時期に子育てをし、そのあとでキャリアを追求し、60代になって結婚して別のパートナーと暮らす選択肢もありうる。武夫と彼の妻の場合はこのような選択をする機会すらなかった。翔太と葵の世代はさまざまな選択肢に注意を払い、それぞれの選択肢がもたらすメリット、デメリットを知ろうとするだろう。

女性が何歳でも妊娠できる時代は訪れないだろうが、マルチステージ人生の一般化と社会制度の変化により、子づくりに関する選択肢がいまより広がる可能性がある。おそらく、これまでより高い年齢で少数の子どもをつくる人が多くなるだろう。経済的要因がそのような選択を促す面もある。大学の学資ローンの返済に苦しみ、貯蓄を増やす必要性を感じている人は、子どもをつくって経済的負担を増やすことに慎重になるかもしれない。

一方、家庭を築くことに専念する前にさまざまな選択肢を発見したいと考えて、子づくりの時期を遅らせる女性もいる。こうした選択は、経済的にも理にかなったものだ。出産の時期が遅い女性ほど、生涯所得が多いことがわかっている。その恩恵を最も受けているのが大学卒の女性たちだ。

ほかにも多くの選択肢が生まれ、**生き方の多様性が増す**だろう。前述のように、子育てに両親や祖父母の助けを借り、インディペンデント・プロデューサーの道を選ぶことにより、シングルマザーとして生きてもいい。パートナーと協働し、みずからがキャリアを追求する期間はパートナーに子育てを主に担ってもらうこともできる。あるいは、パートナーがキャリアを追求する間は自分が子育てを担い、子どもが独り立ちしたあと、パートナーの経済的支えを得て新しいキャリアのステージに乗り出してもいいだろう。

母親たちだけではない。父親たちの選択肢も広がる。伝統的な性別役割分担に従ってフルタイムで働いてもいいし、子育てに専念してもいい。パートナーと交渉し、**長い人生の間に何通りもの役割を経験してもいい**。

女性と仕事と家庭

20世紀には、仕事の世界で女性の役割が大きく変化した。仕事に就いている人の割合、（職場と自宅で）仕事に費やす時間、業種や職種、賃金の水準で、男女の違いは小さくなっている。しかし、女性を不利な立場に追いやるギャップや壁はまだまだ多い。そうした違いがある限り、人生１００年時代における男女の選択肢は異なるものにならざるをえない。

男女の格差に関して、世界の現状はどうなっているのか。

経済協力開発機構（ＯＥＣＤ）加盟国ではこの数十年間、働く女性が明らかに増えている。１９８０年に25～54歳の女性で職に就いているか、職を探している人の割合は、ＯＥＣＤ諸国の平均で54％だった。この数字は、２０１０年には71％まで上昇している。特に目を見張らされるのは、子どもをもっている女性の変化だ。

アメリカでは１９７０年、５歳未満の子どもがいる女性の70％は、金銭的報酬が発生する仕事に就いていなかった。おそらく性別役割分担を実践し、家事と育児に専念していたのだろう。２００７年には、この割合は36％まで下がっている。それでも、いまだに、女性はパートタイムで働いている人の割合が不釣り合いに大きい。

ＯＥＣＤ諸国の平均では、パートタイム労働者のなんと80％が女性である。これは、女性のほうが家事と育児に割く時間が多いためだ。こうした問題は残っているにせよ、女性の働き方の変化は結婚生活と家庭生活を大きく様変わりさせてきた。

働く女性の割合はほとんどの国で増えているが、国による違いは大きい。男女の労働参加率の格差が大きいのは韓国、イタリア、日本、格差が小さいのはノルウェーとスウェーデンだ。日本の政府は、職をもつ女性を増やすためにさまざまな施策を打ち出している。そのような取り組みにより、多くの国で男女の労働参加率の格差が狭まっていくだろう。

将来、家事と育児を男女がより平等に担うようになれば、男女のキャリアには――特に夫婦の両方が高スキルの職に就き、過酷な仕事に携わっている場合に――どのような影響が及ぶのか。男女が家庭に等しく関わるようになれば、伝統的な性別役割分担のあり方が変革を迫られることは確実だ。長い人生の間には、二人の意見がぶつかり合い、互いの役割を再交渉することがおそらく避けられない。

人生の個々のステージですべて男女平等を実現する必要はないが、キャリア全体では、家事と育児の負担の平等化をすすめることがいっそう求められる。もちろんマルチステージの人生では、ステージごと男女が家事と育児を主として担う役割を交替してもいい。

問題は、労働参加率の格差こそ縮小しつつあるが、男女間で賃金の格差が残っていることだ（その格差は、教育レベルと職務経験の違いを考慮に入れてもなお存在する）。しかも、勤労年数が長くなるほど、格差が大きくなる。その原因の一端は、高い地位に就いている女性の数が少ないことだ。２０１４年の時点では、多くの大企業で中級管理職に占める女性の割合は約30%だが、多くの産業では上級管理職に占める女性の割合はもっと少なく、15%程度にすぎない。

若い世代の女性は、企業社会の中で着実に前進を遂げており、待遇面でも変化の兆しが見えはじめている。しかし現在のペースでいくと、男女の賃金格差が完全になくなるまでには、少なくともあと70年かかるという。２０８５年まで待たなくてはならない。そのとき、葵は87歳になっている。あまりに暗い見通しと言うほかない。

男女の賃金格差を生んでいる主たる要因は、歴史的に男性が携わってきた仕事と女性が携わってきた仕事が同等に評価されていないことだ。

私たちは仕事を選ぶとき、次の五つの重要な選択をしている。

・時間のプレッシャーが厳しい仕事に就くか？
・勤務時間をあまり自由に決められない仕事に就くか？
・スケジュール変更に柔軟に対応しなくてはならない仕事に就くか？
・チームのメンバーとつねに一緒にいなくてはならない仕事に就くか？
・自分にしか担当できず、ほかの人に代わってもらえない仕事に就くか？

これらの問いの答えがイエスの仕事は、高給の職であり、現状では女性（特に子どもがいる女性）より男性が就くことが多い。ひとことで言えば、これらの仕事の特徴は柔軟性の乏しさにある。

図9-1　男女間賃金格差の国際比較

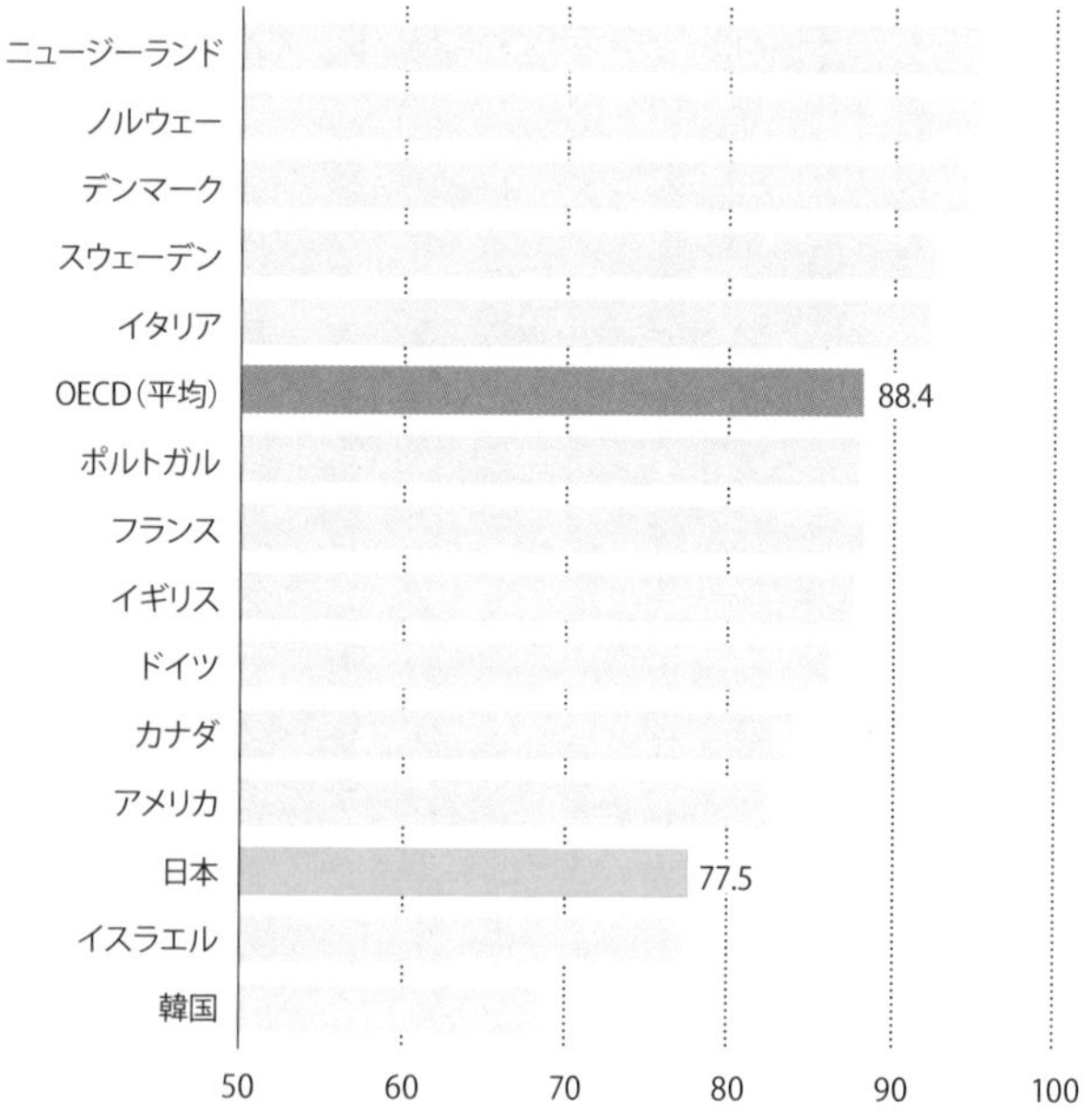

（注）1．OECD“OECD. Stat”より作成。
2．ここでの男女間賃金格差とは、フルタイム労働者について男性賃金の中央値を100とした場合の女性賃金の中央値の水準を割合表示した数値。
3．イスラエル、フランスは平成30（2018）年、イタリア、デンマーク、ドイツは令和元（2019）年、それ以外の国は令和2（2020）年の数字。
（出典）内閣府男女共同参画局『男女共同参画白書　令和4年版』。

まとめ

- 家事と育児を男女がより平等に担うようになれば、伝統的な男女の役割分担のあり方が変革を迫られる。長い人生の間には、二人の意見がぶつかり合い、互いの役割を再交渉することが避けられない。
- 女性の就労率は改善に向かっているが、男女の賃金格差は依然残る。その主な要因は、歴史的に男性が携わってきた仕事と女性が携わってきた仕事が同等に評価されていないことにある。

柔軟に働けば賃金が下がる

弁護士を例に、五つの点を具体的に見てみよう。

弁護士は、一般的には上記の五つの点でことごとく極端に柔軟性が乏しい。時間のプレッシャーは厳しく、勤務時間の自由裁量も小さい。突発的な予定変更にも柔軟に応じなくてはならない。チームのメンバーといつも一緒にいる必要性が大きい。同僚に仕事を代わってもらうことも難しい。

女性の葵が弁護士として働きはじめるとしよう。最初の研修のあと、まだ子どもが小さいことを理由に、柔軟な働き方をしたいと考える。すると、すぐに思い知らされる。顧客が望むときにいつでも会えなければ、法律事務所にとっての彼女の価値はたちまち下がってしまう。

それに、柔軟な働き方をすれば、暗黙知など、無形の資産も弱体化していく。オフィスにいない時間が多く、同僚や顧客との会議や打ち合わせ、雑談などで意見交換する機会が少なくなるためだ。オフィスにいないと、みんなの会話で何が話題になっているかがわからない。法律やコンサルティング、投資銀行など、知識が重要な仕事では、労働時間を少なく抑えたり、柔軟な働き方をしたりする人たちが報酬面で不利な扱いを受ける。

現状で柔軟な働き方を実践しているのは、もっぱら女性だ。幼い子どもの世話をしたり、高齢の親や親族の介護をしたりする必要上、そのような選択を迫られることが多い。女性たちはキャリアを中断させることが多く、しばしば男性より柔軟な働き方を選んでいるために、労働市場で不利な立場に置かれている。

将来的には、男性もこのような働き方を実践するようになるのだろうか。その場合、男性にどのような影響が及ぶのだろうか。

具体的に、若き弁護士になった翔太の選択肢を見てみよう。どの道を選ぶかによって、もたらされる結果も変わってくる。いずれの選択肢を選ぶにせよ、メリットだけでなくデメリットもついて回ることを覚悟しなくてはならない。

法律事務所のパートナー（共同経営者）を目指すとしよう。そのためには、1日24時間、週7日仕事に対応するために、柔軟性の乏しい働き方をせざるをえない。時間のプレッシャーは厳しく、スケジュールは不規則、働く時間と場所の自由裁量も小さい。子育てなどで仕事を離れれば、不利な待遇を受ける。一方、うまくいけば、高額の報酬、そして魅力的でやり甲斐のある仕事が手に入る。

選択肢はほかにもある。

働き方の柔軟性を優先させて、大手法律事務所の高給の職を断念してもいい。長時間絶え間なく働くことが評価される大手法律事務所を離れて、企業の法務責任者として勤めることも可能だ。これなら、労働時間を減らし、柔軟な働き方を実践しやすい。あるいは、大手ではなく、長時間労働でなくても不利な処遇を受けない中小の法律事務所で働いてもいい。インターネットを活用した在宅勤務への抵抗感が薄まり、必要なテクノロジーが進歩すれば、バーチャルな法律事務所に就職し自宅で働けるようになるかもしれない。

翔太がどのような二律背反を突きつけられるかは明白だ。働き方の柔軟性と自由が拡大すれば、それと引き換えに、報酬が少なくなる。仕事の多様性も乏しく、刺激も小さくなりかねない。

あるいは、弁護士とはまったく別のキャリアを選んでもいい。時間の使い方の柔軟性が高く、担当顧客の数が少なく、担当業務を自分で決められる余地が大きく、自由裁量で仕事を進めやすい――そんな職に就くのだ。これらの条件を満たす職は「融通性」の高い仕事と呼ばれ、テクノロジーとサイエンスの分野に多い。この種の職では、男女の賃金格差が小さく、格差が広がってもいない（現状では、これらの分野でもまだ女性の割合は低い）。

融通性の高い職種の一つに薬剤師がある。薬剤師の仕事はかなり代替性が高い。ある薬剤師が不在でも、別の薬剤師が代役を務めやすい。ただし残念ながら弁護士やコンサルタントや投資銀行の職員に比べれば、所得がだいぶ低い。

こうした議論は2014年時点のものだ。翔太や葵の生涯の間に、状況は大きく変わるのだろうか。それは、さまざまな要因に左右される。柔軟な働き方に対する人々の考え方、バーチャルテクノロジーが進歩するペース、業務が標準化される程度、高い地位にある男性が子どもと多くの時間を過ごす度合いなどに影響を受ける。

翔太の場合はどうか。

柔軟な働き方をすると所得に悪影響が及ぶのは、女性だけではない。男性は子どもが生まれたあと、それまでより長時間働き、所得を増やすケースが多い。それに対し、家庭に関する理由で労働時間を減らした男性は、所得が減り、将来のキャリアの機会が狭まる。女性だけでなく男性もまた「柔軟性の烙印」を押されるのだ。

パートナーの役割交替の影響

別の角度から見てみよう。翔太と葵の5・0シナリオでは、それぞれのパートナーと両方がフルタイムの仕事をもつ時期だけでなく、片方がフルタイムの仕事を離れて育児や、知識の習得、移行への準備に時間を割く時期もある。二人とも勤労人生のどこかの段階で、キャリアを中断し、柔軟な働き方を実践する。その過程では、仕事で多くの所得を獲得する立場、家事や育児を主に担う立場、無形の資産の構築に打ち込む立場を交替で実践する。

このような生き方をする人が何百万人単位で出現したら、どうなるだろう。社会にどのような変化が生まれるのだろうか。

現状では、柔軟な働き方を実践すれば、男性も女性も「柔軟性の烙印」に苦しめられる。男女を問わず人生100年時代を生き抜くためにキャリアの中断がもっと一般的になったとき、それは変わるのだろうか。柔軟な働き方をする人が「烙印」を押されて金銭面で不利になる状況は、緩和されるのだろうか。

もしそうなれば、男女の賃金格差が縮小する可能性がある。柔軟な働き方も選びやすくなるかもしれない。

マルチステージの人生の下、柔軟な働き方を追求する男性が増えたら、何が起きるのか。可能性は二つある。

一つは、男性たちが柔軟な働き方を選択しはじめると、「柔軟性の烙印」を押されて賃金が下がる。この場合、柔軟な働き方をする人が男女ともに低所得に甘んじざるをえなくなり、結果的に男女の賃金格差が縮小する。もう一つは、もっと大胆なシナリオだ。柔軟な働き方が企業や個人に課すコストを減らすために、仕事のあり方自体が大きく変革される。柔軟な働き方をする男女が増えれば、仕事のあり方が根本から変わる可能性が高まる。

では、キャリアの過程で男女の役割を交替する夫婦が増えることは、どのような影響をもたらすのか。

そうしたパートナーの役割交替は決して簡単なことではない。勤務先の企業の側でも仕事と年齢とジェンダーについて大きく発想を転換する必要がある。しかし万一、実現すれば、男女の生涯所得の格差は確実に縮小に向かうだろう。どちらかが多く稼ぐ時期はあるにしても、キャリア全体では、男女が家計に寄与する金額が同等になる。楽観的な見通しではあるが、人生100年時代のさまざまな要素の相互作用を、そして人生のマルチステージ化とジェンダーの平等がもたらす影響を最大限うまく生かせば、それを実現できる。

多世代が一緒に暮らす時代へ

長寿化が進めば、異世代の関わり方が大きく変わることは明らかだ。

これまでの3ステージの人生では、同世代の人たちが一斉行進するように人生のステージを歩むため、年齢層ごとに人々が隔離されて生きる欧米型の社会が出現した。子どもは学校に通い、高齢者は引退して余暇を楽しむ。そして、それ以外の世代は、職場で互いに接し合うという形態だ。

しかし、マルチステージの人生では、エイジ（＝年齢）とステージが一致しなくなり、大人が若々しく生きるようになる結果、世代間の関係に大きな変化が生まれる。

１９９８年に生まれた翔太と葵（それに彼らのパートナー）に目を向けてみよう。二人が35歳になる２０３３年頃には、双方の両親（１９７３年頃の生まれ）が健在である可能性が高い。四組の祖父母（１９４８年頃の生まれ）もまだ元気で存命かもしれない。翔太と葵の子どもたちがティーンエージャーになる頃には、両親と祖父母、そして曾祖父母がそろっている可能性がある。

また第6章のシナリオと異なり、二人が離婚してその後に再婚すれば、家族の構成はさらに広がりと複雑性が増す。

こうした家族のメンバーたちは、どのような人生を送るのか。

翔太と葵の親は70代前半。フルタイムで働いているかもしれないし、ポートフォリオ・ワーカーとして活動しているかもしれない。葵の両親は、彼女がティーンエージャーのときに離婚し、その後再婚しているので、葵の子どもたちには、母方の祖父母が二組いる。葵とパートナーの祖父母は90代。おそらく引退生活に入っていて、あと数年は健康に生きられるかもしれない。ひ孫たちと時間を過ごし、大学で勉強し、世界を旅し、新しいスキルを学んでいる可能性がある。そうした若々しさは、世代間交流の強力な懸け橋になる。祖父母や曾祖父母たちが長く健康に生きれば、家族全体の幸せも大幅に高まる。

　世代間の交流方法を見いだすために、各家族で多くの実験が行われる。家族や親戚の間で役割を決めるときは、それが特に重要になる。

　親戚にお金を貸すべきか、父親や祖父はどのように振る舞うべきかなど、昔は伝統によって決まっていた。しかし今後は、多くの答えを自力で見つけなくてはならない。たとえば、次のような問題がある。四世代の生活をどのように支えるべきか。義理の親と義理の息子や娘は、互いにどのような金銭的責任を負うべきなのか。

　一方で、家族が多世代で構成されるようになれば、異なる世代が理解を深め合うすばらしい機会が生まれる。世代を越えた人間関係が築かれれば、年齢に関する固定観念や偏見も弱まる。重要なのは、互いに親しみをいだき、世代間の触れ合いを長期的・安定的に続けることだ。多世代が同居するケースも増えるだろう。異なる世代が関心を共有し、支え合い、顔を合わせる機会も増えるだろう。世代間の交流が活発になれば、若者にも高齢者にも大きな恩恵がもたらされる。

友人関係が新しい生活の「核」になる?

健康に生きられる年数が延びれば、核家族はいまほど主流の生活形態でなくなるかもしれない。**人類の長い歴史を通じて、人生の最大のイベントは出産と子育てだった。**しかし、寿命が延びれば、人生のなかで出産、子育て以外の期間が長くなる。その結果、友だち付き合いが私たちの生活の中心になるかもしれない。友人関係が新しい生活の「核」になり、友人同士で共同生活をしたり、一緒に遊びに出かけたりするケースが増える可能性がある。

最近の学生は、主たる人間関係として友だちを重んじる傾向が強いという調査結果がある。昔だったら家族に求めたような温かみのある関係を友だちとの間に築きたいと思っているのだ。

長寿化時代には、世代を越えた友人関係を通じて、若者と高齢者の社会的分断が解消される可能性もある。工業化以前、年齢は人の属性を判断する重要な要素ではなかった。工業化により3ステージの人生が社会に定着すると、ある人がどのような経験をするかが年齢に大きく左右されるようになった。年齢が同じ人同士が付き合えば、その集団のアイデ

長寿化社会では若者と高齢者の社会的分断が解消に向かう

ンティティが強化される。問題は、年齢による分断が高齢者差別に繋がることだ。異なる年齢層の人と交わらなければ、「我々対彼ら」という発想にはまり込み、固定観念と偏見をいだきがちになる。

　しかし、マルチステージの人生が一般的になれば、異なる年齢層の人たちが同じ経験をする機会が生まれる。固定観念と偏見を打破する手立ての一つは、**集団間の接触を増やすことだ。年齢層の異なる人たちが触れ合う機会が増えれば、親近感や友情が生まれる。高齢者が「別世界」の住人という状況は変わりはじめる。**

まとめ

- 働き方の柔軟性と自由を求めれば、それと引き換えに報酬が少なくなる。仕事の多様性も乏しくなり刺激も小さくなりかねない。
- マルチステージの人生の下で男性たちが柔軟な働き方を選択しはじめると、男女の生涯所得の格差は確実に縮小に向かうだろう。

問い

- 労働と人生全般のバランスを取ろうとすることのジレンマを克服するためにあなたなら何をしますか。いまから何ができるでしょうか。
- さまざまな世代や文化をもつ人と生活や人生をともにするとき、より良い人間関係を構築するにはどのようなスキルや考え方が必要ですか。

答え

第10章

未来へ向けて前進する

おわりに

私たちは今後、ますます多くの画期的な発明について耳にし、さらにはそれを実際に目の当たりにすることになるだろう。人間の発明の才は果てしない。人工知能（ＡＩ）とロボット工学の分野で驚異的な進歩を実現させ、私たちの老い方も大きく改善させてくれるに違いない。

こうした未来に備えるために、科学の進化について鋭い分析を行い、強い好奇心をもたなくてはならない。しかし、結局のところ、すべては一人ひとりの行動にかかっている。人生で光り輝くために何をしなければならないか。社会的開拓者になる勇気をどのように奮い起こすか。このいまだかつてない移行期で、チャンスをどのように掴むか。こうしたことがきわめて重要になる。

政府、企業、教育機関が、いつも的確に応援、支援してくれるとは限らない。一人ひとりが自分の目や耳でしっかり社会を見渡し、革新的な取り組みを探す必要がある。そのような新しい生き方が強く求められる時代が訪れつつある。

これからは、誰もが過去の世代とは異なる思考と行動をしなければならなくなる。思考と行動を変えようとしない人は、様変わりする世界、大きく変貌を遂げつつある世界に対応することができないだろう。

本書の主要なメッセージは、人生が長くなる半面で多くの移行を経験する結果として、一つひとつの活動の期間やステージが短期化する、ということだ。本書では、この新しい長寿時代がどのような時代になるかを描き出そうとしてきた。

そうした変化を前提にすると、『ＬＩＦＥ ＳＨＩＦＴ２』に書かれているように以下の五つの行動が重要になる。

先手を打つ。私たちはいま、大きな変化の時代を生きている。その影響から逃れられる人はいない。しかも、その変化に対処する責任は、ますます個人の肩に重くのしかかっている。そこで、あなたはいますぐ行動を起こす必要がある。

将来を見据える。あなたがいま何歳だとしても、残されている人生は、過去のどの世代よりも長い。したがって、未来を重んじた選択を行い、先々に大きな恩恵をもたらす行動を慎重に選ばなければならない。

「ありうる自己像」を意識する。人生が長くなり、多くの移行を経験するようになれば、あなたの「ありうる自己像」の選択肢は大きく広がる。その恩恵に浴するためには、それらの選択肢をじっくり検討し、選択肢を早く閉ざしすぎないようにしなければならない。

可変性と再帰性を意識する。あなたがどのように年齢を重ね、どのように人生を構成し、どのように時間を割り振るかは、画一的に決まっていない。人生の可変性（人生を変えることができること）が高まることで、あなたがいま取る行動は再帰性（再び自分に戻ってくること）を帯びるようになる。つまり、現在の自分の行動が将来の自分に跳ね返ってくる。あなたが将来どのように年齢を重ね、どのような選択肢を手にするかは、いまあなたがどのように行動するかにかかっている。

移行を受け入れる。自発的な移行にせよ、不本意な移行にせよ、それが人生を望む方向へ大きく変えるとは限らない。今後、そうした移行の機会がますます多くなる。ただし、そこでの経験が、その後のマルチステージの人生の節目になる。

人生100年時代では、
選択次第で充実した人生を送れる

ここに挙げたのは個人の行動指針だ。

だが、人生を通してあなたがどれくらい人間として花開くことができるかは、ほかの人たちとの関係にも大きく左右される。人は独りぼっちでは社会的開拓者になれない。人生に一貫性と安定をもたらすうえで、深く強力な人間関係が果たす役割はきわめて大きい。そうした人間関係は、お互いに責任を負い、信頼関係を土台にしたオープンな会話の積み重ねから生まれてくる。

それだけではまだ十分でない。

家庭やさまざまなコミュニティで、世代間の良好な関係をはぐくむことが不可欠だ。長くて、移行の多い人生において、生涯にわたる人間関係をしっかり構築することが重要だ。コミュニティとの新しい関わり方を見いだすことも忘れてはならない。政府や企業などの社会組織や機関は私たちの人生に大きな影響を及ぼすが、彼らは私たちみんなで声を合わせて働きかけない限り期待に応えてくれない。

変化は容易でない。技術的発明に社会的発明（社会制度やルールの変革）が追いついていかないために、さまざまなリスクが生まれる。

その一方で、私たちは空前のチャンスを手にしている。これまでになく長く生きられるようになって、自由が広がり、選択肢も増えつつある。新しい選択肢を前にすると、不安を感じる。それでも、私たちが個人のレベルと社会のレベルで賢明な選択をすれば、より健康に、より長く、より充実した人生を送ることができる。既存の社会規範（ルール）が崩壊しはじめたことにより、胸を躍らせながら新しい長寿時代がもつさまざまな可能性を思い描くというすばらしい機会を手にしている。

まとめ

- 未来に備えるためには、科学の進化について鋭い分析を行い、強い好奇心をもたなくてはならない。しかし、結局のところ、すべては一人ひとりの行動にかかっている。
- 人は独りぼっちでは社会的開拓者になれない。深く強力な人間関係が果たす役割はきわめて大きい。そうした人間関係は、信頼関係を土台にしたオープンな会話の積み重ねから生まれてくる。

問い

- みなさんの長寿化時代への準備はすでに始まっています。本書を読み終えて、些細なことでもいいので明日からすぐに行動を起こそうと思ったことはありますか。

◉あなたにとって、「人生100年時代」はどのような可能性がありますか。

答え

著者紹介

リンダ・グラットン
(Lynda Gratton)

ロンドン・ビジネス・スクール経営学教授。世界経済フォーラムの「新しい教育と仕事のアジェンダに関する評議会」責任者。世界で最も権威ある経営思想家ランキングであるThinkers50のトップ15にランクイン。「人生100年時代」の提唱者として2018年には「人生100年時代構想会議」のメンバーに任命された。

アンドリュー・スコット
(Andrew Scott)

ロンドン・ビジネス・スクール経済学教授、スタンフォード大学ロンジェビティ(長寿)センター・コンサルティング・スカラー。企業や政府機関の役員、顧問、英国予算責任局のアドバイザリーボードと英国内閣府の栄誉委員会のメンバーも務める。

本書のオリジナルである『LIFE SHIFT(ライフ・シフト)』は「読者が選ぶビジネス書グランプリ2017」で総合グランプリ、「ビジネス書大賞2017」で準大賞を受賞。テレビ番組等でもしばしば紹介された。『LIFE SHIFT(ライフ・シフト)』シリーズは72万部を突破する大ベストセラー。

＊本書は、リンダ・グラットン＆アンドリュー・スコット著『LIFE SHIFT(ライフ・シフト)』(東洋経済新報社、2016年)を基に、著者の許可を得て、読みやすさを考慮して要約・編集し、「問い」などを新たに加えたものです。

【監修者紹介】
宮田純也（みやた　なおや）
一般社団法人未来の先生フォーラム代表理事
早稲田大学高等学院、早稲田大学教育学部教育学科教育学専攻教育学専修卒業、早稲田大学大学院教育学研究科修了（教育学修士）。日本最大級の教育イベント「未来の先生フォーラム」創設や2億7100万円の奨学金設立など、様々な教育に関する企画や新規事業を実施。株式会社未来の学校教育代表取締役などを務める。編著書に『SCHOOL SHIFT』（明治図書出版）。

【協力】
木村裕美（みらい家庭科ラボ共同代表／元都立高校教諭）
小林潤一郎（田園調布雙葉学園教諭）
齋藤亮次（公文国際学園中等部・高等部教諭／ブランド分析室）
安居長敏（ドルトン東京学園中等部・高等部校長）

16歳からのライフ・シフト

2023年 8 月22日　第1刷発行
2024年11月19日　第3刷発行

著　者——リンダ・グラットン／アンドリュー・スコット
監修者——宮田純也・未来の先生フォーラム
発行者——田北浩章
発行所——東洋経済新報社
〒103-8345　東京都中央区日本橋本石町 1-2-1
電話＝東洋経済コールセンター　03(6386)1040
https://toyokeizai.net/

カバーデザイン…………橋爪朋世
DTP……………………アイランドコレクション
イラスト…………………キムラみのる
編集協力………………川島睦保
印刷・製本……………丸井工文社
プロモーション担当……細矢　萌
編集担当………………矢作知子

Printed in Japan　　ISBN 978-4-492-04738-5